KB153554

평생직장이 사라진 시대에
'나'라는 브랜드로 살아남기

〈일러두기〉

※ 이 저서는 2018년 대한민국 교육부와 한국연구재단의 지원을 받아 수행된 연구임.
　(NRF-2018S1A5A8027946)

평생직장이 사라진 시대에
'나'라는 브랜드로 살아남기

초판 1쇄 발행 · 2019년 7월 15일

지은이 · 모기룡
펴낸이 · 김동하
책임편집 · 양현경

펴낸곳 · 책들의정원
출판신고 · 2015년 1월 14일 제2016-000120호
주소 · (03955) 서울시 마포구 방울내로9안길 32, 2층(망원동)
문의 · (070) 7853-8600
팩스 · (02) 6020-8601
이메일 · books-garden1@naver.com
블로그 · books-garden1.blog.me

ISBN 979-11-6416-024-2 (03190)

※ 이 도서는 한국출판문화산업진흥원 '2019년 우수출판콘텐츠 제작 지원' 사업 선정작입니다.

평생직장이 사라진 시대에

'나'라는 브랜드로 살아남기

모기룡 지음

책들의정원

'막말'로 대통령이 된 트럼프가
우리에게 던지는 메시지

지난 5년여간 우리에게 일어난 변화는 그전 10년간의 변화보다 훨씬 컸다. 유튜브가 TV를 밀어냈고 사회는 개인주의를 향해 더욱 빠르게 달렸다. '갑질' 논란이 일어나고, 성 차별에 대한 이슈가 제기되었으며, 정치적 격변도 있었다. 그리고 그 한가운데는 인터넷과 미디어가 존재했다.

지난 5년여간 일어난 변화 중 가장 주목해야 할 부분은 개인이 얻는 사회적 인기의 중요성이 급격히 부상했다는 점이다. 이제까지 '인기 있다'는 말은 학창 시절 친구들로부터 또는 친목 모임에서 주변인들로부터 듣는 것이 전부였다. 팬을 거느리는 연예인이나 일부 기업이라면 모를까 일반인이 자신의 인기도를 고민할 일은 없었다.

그러나 몇 년 사이, 우리는 소수 엘리트가 가졌던 권력과 권위의 가치가 떨어지는 것을 목격했으며 그 힘이 다수의 대중에게 넘어가는 것을 관찰할 수 있었다. 대중의 선택을 한 단어로 표현하자면 '인기'가 된다. 이제는 누구나 유튜브, SNS 등을 통해 대중과 소통하며 개인의 브랜드를 알리는 시대가 되었고 나아가 수익을 창출할 수 있는 세상이 열렸다.

최근 들어 유독 '인싸^{인사이더, 인기인}'가 되고 싶다는 사람들이 늘어났다는 점은 무엇을 시사할까? 인간은 본래 타인으로부터 관심과 사랑을 받고 싶어 하는 욕망을 가지고 태어났다. 그런데 이제는 다수의 사랑과 관심이 개인의 행복감에 도움을 줄뿐만 아니라 사회적 자산으로도 활용되기 시작했다는 점을 우리가 본능적으로 느끼고 있는 것이다.

이제까지 브랜드에 대한 연구는 많이 있었지만, 주로 기업과 상표의 브랜드에 대한 내용에 그쳤다. 그것은 무생물에 가깝고 피상적인 이야기였다. 이 책《평생직장이 사라진 시대에 '나'라는 브랜드로 살아남기》가 중점적으로 다루는 것은 그런 의미의 브랜드가 아니다. 개인이 자신의 이름을 하나의 브랜드로 삼기 위해서는 아주 많은 사람들과 소통을 해나가야 한다. 또한 내적 실력을 기르고 자신의 이미지를 높이기 위해 노력해야 한다. 이 책은 그러한 지점을 논의하고 싶었다.

이 책은 '인기란 과연 무엇이고 어떻게 만들어지는가'를 중심 테마로 다룬다. 이를 위해 이미지나 컨셉의 개발 방안에 대해서도 고민한다. 현대 사회에서 개인의 삶을 변화시킬 가장 강력한 열쇠가 학벌이나 자격증 따위가 아니라 '인기'라는 사실을 떠올려볼 때 지금껏 '인기학^{Popularology}'이 없었다는 것은 놀라울 정도다.

그런데 많은 사람들이 속으로는 인기를 바라면서도 겉으로는 "난 그런 거 연연하지 않아"라고 말하고는 했다. 인기는 '겉포장이나 번지르르하게 하는 빈껍데기'라는 인식이 퍼져 있었기 때문이다. 그러다보니 종교나 학문, 정치 같은 '고고한' 영역에서는 인기종교, 인기학문, 인기에 영합하는 정치인이라는 말을 수치스럽게 여기기도 했다. 종교, 학문, 정치는 많은 사람들의 지지와 떼려야 뗄 수 없는 분야임에도 그러했다. 하지만 도널드 트럼프$^{Donald\ Trump}$의 미국 대통령 당선은 그동안 우리가 무엇을 놓치고 있었는지를 명확히 보여준다.

이 책은 인기를 통해 자신을 하나의 브랜드로 만드는 법을 다루고 있으므로 '포장'이나 '껍데기'라고 생각할 수 있는 부분도 중요하게 살필 것이다. 하지만 진정한 인기는 실력이나 능력, 진실성과 같은 '알맹이'에서 나오는 경우가 많다. 물론 환경과 시대에 따라 달라서 껍데기만 잘 다듬으면 되는 경우도 있고, 본질이 훨씬 중요한 경우도 있다. 다만 어느 상황이든 '껍데기'와 '본질' 둘 다 인기에 기여한다는 것은 확실하다. 둘 중 하나가 완전히 무의미해질 수는 없다. 단지 비중의 문제다.

그럼 지금 우리 시대는 껍데기와 본질 중 무엇을 더 따르고 있을까?

우선은 껍데기의 영향력이 커진 것으로 보인다. 자극적인 기사일수록 빠르게 이슈가 되듯이, 껍데기는 빠르게 인기를 높이는 역할을 잘 수행해낸다. 하지만 동시에 대중은 똑똑해지고 있으며 무엇이 '진짜'인지 가려내는 안목이 높아지고 있다. 그러니 곧 실력 없이는 인기를 넘볼 수 없는 사회가 올지도 모른다.

나는 박사과정으로 인지과학을 전공했는데, 이는 쉽게 말해서 '다양한 학문들이 협동해 인간의 마음^{인지}을 연구하는 학문'이다. 특히 학사와 석사 시절 전공했던 철학과 커뮤니케이션학은 인간과 대중에 대해 공부하는 데 많은 도움이 되었다. 인기란 매우 복잡한 사회 현상이므로 심리는 물론이고 다양한 측면을 고려해야 문제가 풀린다. 그래서 인지과학 전공자로서 인기 얻기에 도움이 될 만한 다양한 분야의 많은 요소들을 이 책에 담으려 노력했다. 21세기, 대중이 목소리를 내기 시작한 이 세상에서 우리는 자신의 인기를 관리할 줄 알아야 한다. 이 책이 인기에 대한 기존의 편견을 깨고 방법을 제시하는 역할을 하기를 바란다.

2019년 6월
모기룡

…5장 | 마이웨이를 고집하는 당신에게

—

1장

명함이 필요 없는 사람

전문직 신화는 무너졌다

전문직 15%가 월수입 200만 원 이하

구독자 20만 명을 바라보는 유튜브 채널이 있다. 출연자들은 이곳에 모여 드라마 시청 소감을 털어놓거나 자신의 일상을 보여주기도 한다. 이 채널의 이름은 〈닥터프렌즈〉로 세 명의 의사가 운영하고 있다. 변호사가 만드는 영상도 있다. 〈유튜버벼농사〉다. 대형 로펌 변호사가 법조계 이야기를 들려준다는 컨셉을 가진 이곳에서는 '변호사의 결혼정보회사 이용 후기'나 '살인 사건 변호하기' 같은 내용을 엿볼 수 있다.

TV나 라디오를 넘어 인터넷 공간에서 전문직 종사자를 만나기란 어렵지 않다. 근엄하고 진지한 이미지를 벗어던지고 대중에게 다가서는 이가 늘어난다는 뜻이다. 그 이유는 다양하겠지만, 전문직의 위상이 예전 같지 않다는 점과 유튜브를 비롯한 뉴미디어의 입지가 놀랍도록 상승했다는 점은 빼놓을 수 없다.

2019년 1월 14일, 48기 사법연수생 수료식이 열렸다. 100여 명의 수료자 중 이날까지 취업에 성공한 사람은 47%로 절반에 불과했다. 나머지 절반도 몇 개월 내로 자리를 잡는 경우가 대부분이기는 하지만 취업에 시간이 오래 걸린다는 것은 원하는 직장에 들어가지 못해 더 나은 곳을 찾거나 기다리는 시간이 필요하다는 것을 뜻한다. 심지어 인턴 변호사의 경우 최저 임금 수준의 대가를 받고 있기도 하다.

특히 변호사의 위상이 예전 같지 않다. 변호사 숫자가 3만 명을 내다보며 최저임금을 받지 못하는 신입 변호사가 속출하고 있어서다. 대한변호사협회에 따르면, 인턴 변호사 월급은 세전 150만 원 수준이다. 전문직 자체가 고소득을 보장하는 시대는 끝난 셈이다. 국세청 자료에 따르면 회계사, 세무사, 관세사, 변리사, 건축사, 법무사, 감정평가사 등 전문직 개인 사업자 약 15%의 월수입이 200만 원을 밑돈다.

— 이경탁 기자, '의사·변호사·회계사는 왜 유튜버가 됐나' 〈신동아〉 2019년 3월호

대기업에 취직한 이들도 제2의 삶을 찾아 회사 밖을 기웃거리기는 마찬가지다. 블로거 '친절한혜강씨'는 파워포인트, 인포그래픽 분야에서는 알아주는 전문가다. 하루에 2천 명 넘는 사람들이 블로그를 찾아

와 PPT 제작 비법을 엿보고 간다. 그는 두산인프라코어에 입사해 높은 연봉을 받으며 일하고 있었지만 다른 길에 대한 꿈도 품고 있었다. 하고 싶은 일을 하겠다며 블로그와 유튜브를 시작했고 콘텐츠 만드는 것을 일로 삼았다. '월 수익이 회사 연봉보다 많다'고 밝힌 바 있는 그는 이제는 다른 사람에게도 크리에이터^{유튜브 영상 등을 만드는 사람}로 나서기를 권하고 있다.

8년간의 금융권 직장 생활을 마감하고 베이킹 전문가가 된 사례도 있다. '자도르'의 이야기다. 그는 유튜브, 인스타그램 등에서 수만 명의 팬을 거느리고 있다. 처음에는 직장 생활을 하며 주말을 이용해 인터넷에 영상을 올렸지만 지금은 퇴사 후 인플루언서로서 새로운 길을 걷고 있다.

'간판'이 내 미래를 보장해줄까?

"공부만이 살길이다"는 이제 옛말이 되었다. 2000년대 이전까지는 옳은 명제였을지 모른다. 명문대에 합격해서 고시에 붙거나 대기업에 들어가는 일은 온 가족의 자랑이자 희망이었다. 그러나 지금은 어떠한가. 대학 졸업장은 아무것도 보장해주지 않는다. 인문계 졸업자 90퍼센트는 논다는 뜻의 '인구론', 문과라서 죄송하다는 말을 줄인 '문송합니다'는 지방대만의 이야기가 아니다. 이공계 역시 '최종 테크(마지막 직업)

는 치킨집 창업'이라고 우스개를 늘어놓는다.

일자리는 부족한데 고급 인력은 너무 많다. 흔히 '사±' 자 들어간다고 불리던 직업 역시 이전과 같은 부와 명예를 가져다주지 못한다. 이제는 확실해진, 그러나 우리가 선뜻 인정하지 못하고 있는 사실이 있다. 무엇이 성공을 가져다주는지는 모르지만, 적어도 그것이 공부는 아니라는 사실이다.

거창하게 말하자면 '간판의 몰락'은 포스트모더니즘 현상의 일부라고 할 수 있다. 포스트모더니즘은 권력이 대중으로 분산되어 대중이 주도권을 가지는 현상, 즉 대중 소비자 위주의 흐름을 뜻한다. '권위'와 '엘리트주의'가 사라지고 '대중'이 떠오르는 현상은 시대의 운명이며 2010년대 이후 포스트모더니즘은 세계적으로 더욱 격화되었다. 1인 미디어 붐, 유튜브를 통한 방송 생산자와 소비자의 경계 허물기^{프로슈머(pro-sumer), 생산자가 곧 소비자고 소비자가 곧 생산자인 현상}, 권위주의와 '갑질'에 대한 반항, 선진국과 후진국을 막론한 포퓰리즘의 득세는 모두 그 사례다. 이런 측면에서는 '전문직'의 아우라가 무너지는 것이 이상한 일이 아니다.

이런 현상은 직업뿐만 아니라 여러 영역에서 일어나고 있다. 최근 몇 년 사이 서점가에서는 새로운 작가들이 떠올랐다. 이들의 책은 인스타그램이나 페이스북에서 얻은 인기를 토대로 베스트셀러에 진입했다. 캐릭터가 주인공인 책도 비슷하다. 《곰돌이 푸, 행복한 일은 매일 있어》 《미키 마우스, 나 자신을 사랑해줘》 《보노보노처럼 살다니 다행이야》

등은 모두 인기 있는 캐릭터를 표지 전면에 내세워 베스트셀러가 되었다. 본문에도 알록달록한 그림이 커다랗게 들어가 있는데 마치 아동용 도서처럼 글자 수는 매우 적다. (참고로 이 책들은 아이가 아닌 어른을 대상으로 하고 있다.)

지식보다는 감성을 중시하는 에세이나 시집이 베스트셀러에 오른 일도 이례적이지만 만약 과거에 이런 일이 있었다면 아마도 지은이가 유명한 문인이거나 한 분야의 권위자였을 것이다. 하지만 놀라운 사실은 최근 베스트셀러 저자가 되기 위한 조건에는 학벌도 학력도 필요 없다는 사실이다. 대단한 상을 받았거나 스펙이 뛰어날 필요도 없다. 게다가 책 내용이 혁신적인 것도 아니다. 요즘 시대가 '친밀함'을 요구하기 때문일까? 잘 팔렸다는 책은 하나같이 잔잔한 공감을 불러일으키는 컨셉이다.

학벌의 가치가 떨어지고 전문성이 예전만큼 인정받지 못하는 사회에서 이제는 많은 사람으로부터 호감을 얻고 자신의 이름을 알리는 것, 즉 인기를 얻는 것이 점점 더 중요해지고 있다. 직업을 가지고 살아가는 개인의 입장에서 이는 어떻게 작용하는지 이어서 알아보자.

스타 셰프, 스타 강사…
스타의 시대

그냥 짜장면 vs 이연복의 짜장면

먹방에 이어 쿡방은 '스타 셰프'를 탄생시켰다. 에드워드 권, 최현석, 이연복 등이 그 사례로 이들은 TV 예능 프로그램, 광고, 홈쇼핑 등 수많은 영역에 진출해 있다. JTBC 〈냉장고를 부탁해〉는 다수의 스타 셰프를 발굴하고 알린 프로그램이다. 한정된 요리 재료를 가지고 단 15분 내에 음식을 만들어야 한다는 조건 속에서도 셰프들은 놀라운 솜씨를 뽐낸다.

최현석 셰프는 해외유학파 사이에서 돋보이는 국내파 요리사다. 그는 190센티미터에 달하는 키와 잘생긴 외모에 더불어 상당한 예능감을 가지고 있다. 소금 하나를 뿌려도 팔을 높이 치켜들며 '있어 보이게' 포즈를 잡아 '허세'라는 캐릭터를 얻었다. 하지만 그는 장난스러운 몸동작으로 웃음을 유발하면서도 동시에 뛰어난 음식 실력을 증명해 밉지 않은 사람으로 자리 잡았으며, 인기에 힘입어 카메라 광고를 찍기도 했다.

스타 셰프를 논할 때 이연복은 빼놓을 수 없는 인물이다. 그는 무려 40년 경력을 가진 명장으로 대중적 인지도를 얻기 전부터 언론 기사나 음식 방송에 전문가로 출연하고 있었다. 그러던 중 쿡방에 대한 수요가 늘며 젊고 화려한 스타 셰프들과는 다른 '진지한 베테랑'의 이미지로 큰 호응을 얻었다. 그가 운영하는 중화요리 전문점에 가려면 전화를 500통은 걸어야 예약을 할 수 있다는 소문이 돌 정도로 현재는 국내 중식계를 대표하는 유명인이 되었다.

최현석이나 이연복과 같은 이들의 이름은 그 자체로 하나의 브랜드다. 스타 셰프들은 자신의 이름을 건 매장을 열거나 고급 레스토랑에 스카우트되었다. 사람들은 비싼 가격과 줄을 서야 하는 불편을 감내하면서도 '최현석의 푸딩'과 '이연복의 동파육'을 먹고 싶어 한다.

이러한 현상은 셰프들에게만 나타나는 것은 아니다. 수능이나 공무원 시험 등의 분야에서 활동하는 인터넷 강의 강사들 중에도 스타가 따로 있다. 강의가 개설되기만 하면 수강생이 빠르게 몰려 가장 먼저 매진된다는 뜻의 '1타 강사'들은 수험생이라면 누구나 아는 유명인이었다. 그런데 어느 순간부터 이들은 수험생뿐만 아니라 전 국민이 아는 선생님이 되었다.

수능 사회탐구 영역의 최강자로 불리던 최진기 강사는 교양 한국사 수업이나 인문학 강좌로 수험생이 아닌 일반인에게도 이름을 널리 알렸는데, 2017년에는 수능 강사로는 은퇴하고 인문학 강사로만 나서겠다고 밝히기도 했다. 그가 쓴 책《최진기의 지금 당장 경제학》과《인문의 바다에 빠져라(1, 2권)》등은 베스트셀러에 올랐으며 JTBC〈김제동의 톡투유 시즌1〉등에 전문가 패널로 등장하기도 했다.

미디어를 활용할 줄 아는가

요리사나 수능 강사 등 기존에는 미디어와 관련이 없다고 여겨지던 직업인들이 대중 앞에 나서며 이들에게는 새로운 이미지가 덧씌워졌다. '고소득 전문직'이라는 이미지다. 실제로 스타로 떠오른 인물들은 해당 직업을 대표하는 사람이라는 위상과 함께 높은 경제적 이득을 얻고 있다. 요리계의 오디션 프로그램인〈마스터셰프 코리아〉에서 심사위원을 맡았던 강레오 셰프는 한 인터뷰에서 자신의 연봉이 5억 원 이상이라고 밝힌 바 있으며, 교육업체 메가스터디의 대표 강사인 김기훈 대표는 최고 45억 원의 연봉을 받아본 적 있다고 말했다. 외식업 종사자나 강사의 평균 임금 수준을 고려해보면 놀라운 수치다.

스타 셰프, 스타 강사, 혹은 대중 강연에 뛰어난 스타 과학자 등 각 분야에서 '별'로 불리는 이들은 모두 미디어를 활용할 줄 안다. 지금 시대에 성공하기 위해서는 단순히 자기 직업에서 요구하는 기술을 갖추는 것만으로는 충분하지 않다. 미디어를 통해 대중을 사로잡는 기술은 어쩌면 가장 중요한 생존 기술이 되었다. 이름이 유명하지 않은 어느 사교육 강사가 알고 보면 최진기나 설민석보다 뛰어난 한국사 지식을 보유하고 있을 수도 있고, 가르치는 능력 또한 훨씬 앞서 있을 수 있다. 하지만 그들은 학원이나 과외 시장에서 고용을 기다리는 '을'의 삶을 산다. 반면 최진기와 같이 자신의 이름을 하나의 브랜드로 만들어낸 사람은 이곳저곳에서 요청하는 '러브콜'을 두고 고르는 '갑'의 입장에 설 수 있다.

대부분의 평범한 사람은 자신을 소개할 때 소속 단체를 먼저 밝힌다. '전자회사 아무개'와 같은 형식이다. 그러나 자기 브랜딩에 성공한 사람은 이름 앞에 새로운 수식어를 붙이지 않는다. 이름 그 자체가 파워를 가지기 때문이다. 고용 불안과 조기 퇴직의 시대, 직장인이 아니라 직업인이 되어야 한다는 시대에 이들의 사례는 우리에게 좋은 시사점을 남긴다.

유명함에는
특권이 붙는다

70대 할머니도 유튜버가 되는 세상

최근 '인기 있는 사람이 되는 것'을 꿈꾸는 이가 급격히 증가한 데는 몇 가지 요인이 있지만, 그중 가장 중요한 사건은 인터넷의 등장일 것이다. 1990년대 말 인터넷 세상이 열렸고 사람들은 이 새로운 세계에 빠져들었다. 당시 개인에게 홈페이지 서비스를 제공하던 업체인 '하이홈'은 "인터넷에 집 짓자"라는 슬로건을 내세웠었는데, 이처럼 온라인 공간에 홈페이지와 같은 개인 공간을 만드는 것이 유행처럼 퍼져나갔다.

시간이 흘러 2000년대 초반, 이제는 홈페이지보다는 '싸이월드 미니홈피'가 대세로 떠올랐다. SNS의 조상격인 미니홈피에서 우리는 나와 '일촌'을 맺은 사람이 몇 명인지 확인했고 방문자 수를 지켜봤으며 방명록에 달린 안부 글의 숫자를 살폈다. 다시 몇 년이 흘러 미니홈피 열풍은 사라졌지만 그 자리를 블로그, 트위터, 페이스북, 그리고 인스타그램이 채웠고, 일촌 대신 팔로워나 구독자라는 말이 들어섰다.

우리는 무엇을 위해 홈페이지나 SNS 계정을 열까? 방문자와 만나기 위해서다. 누군가는 SNS를 혼자만의 일기장으로 활용하기도 하지만, 대부분의 경우 타인과 교류하려는 목적에서 SNS에 접속한다. SNS 활동에 열성을 보이는 사람일수록 방문자 수, 팔로워 수를 중요하게 여긴다. 많은 팔로워는 자신의 영향력을 키우는 수단이 되며, 충분한 수가 모였을 경우에는 돈이 되기도 한다. 돈을 원하든 영향력을 원하든 공통적인 사실은 팔로워 수라는 숫자로 표시되는 '높은 인기'를 바란다는 점이다.

SNS 시스템은 '내가 몇 사람으로부터 인기 있는지'를 단숨에 보여준다. 간혹 팔로워 숫자를 비공개로 바꾸어놓는 경우도 있지만, 팔로워가 많은 사람들은 대개 이 수치를 공개한다. 게시물별 인기도도 측정할 수 있다. 게시물마다 '좋아요' 버튼이 있기 때문이다. 높은 조회 수를 기록한 게시물은 알고리즘을 통해 자동적으로 더 많은 사람에게 소개된다. 이렇듯 개인의 인기도와 게시물의 인기도가 시험 점수처럼 측정되고 공개되는 인터넷 세상에서 이용자들은 더 많은 팔로워와 '좋아요'를 원한다.

SNS의 등장과 함께 '관심종자^{관심을 받기 위해서 과한 행동도 마다하지 않는 사람}'와 '관심병^{관심을 갈구하는 상태를 비꼬는 말}'이라는 말도 생겨났다. 평범한 사람이었지만 한 장의 사진이나 짧은 동영상이 인터넷에 널리 퍼지며 하루 아침에 스타가 된 사람도 생겨났다. 연예인과 운동선수만 유명인이 되는 것이 아니라 인터넷을 통해서 누구든지 스타가 될 수 있는 것이다.

유튜브 스타 박막례 할머니도 그런 사례다. 70대 할머니가 호주를 여행하며 스노클링에 도전하고 외국인과 손짓 발짓으로 대화하는 모습은 시청자들에게 신선한 재미를 주었다. 스무 살에 결혼해 삼남매를 기르며 식당일을 하던 평범한 할머니가 구독자 수 63만 명의 크리에이터가 될 줄 누가 알았겠는가. 관건은 시청자와 구독자를 끌어들일 콘텐츠다. 누구나 인기를 끌만한 요소만 있으면 스타가 될 수 있다.

연예인 사이에서도 '핵인싸'가 된 기안84

유명한 사람이 된다는 것은 기분 좋은 일이기도 하지만 현실적인 이득을 가져다주기도 한다. 영화 리뷰로 유명한 블로거 A는 매달 10여 장의 영화 초대권을 무료로 받는다. 그가 블로그에 추천평을 남기면 '저도 이 영화 꼭 봐야겠어요'라는 댓글이 줄줄이 달리기 때문이다. 맘카페에서 활발히 활동하고 있는 B도 비슷한 케이스다. 그는 아동 발달에 도움을 준다는 장난감이나 새로 출시된 이유식 등을 소비하기도 벅찰 만큼 제공받는다. 업체에서는 물품뿐만 아니라 별도의 '사례금'을 지불하겠다고 하는 경우도 흔하다. 과거에도 유명인을 대상으로 어떤 혜택을 제공하는 경우는 있었지만, 대부분 연예인에게 그 기회가 주어졌다. 하지만 이제는 일반인이라도 영향력 있다고 판단되는 사람이라면 이런 혜택을 접하게 되었다.

유명인이라 누릴 수 있는 특권에는 물품이나 서비스 외에 더 큰 것이 있다. 인맥 그리고 새로운 기회가 그것이다. 만화가가 대우받지 못하던 시절, 만화작가인 기안84는 〈패션왕〉으로 웹툰 업계에서 유명세를 얻게 되었고 그로 인해 MBC 〈나 혼자 산다〉에 캐스팅 되었다. 그리고 그는 이제 단지 웹툰 작가라기보다는 방송인으로 더 많은 인기를 얻고 있다. 많은 웹툰 작가들 중에서도 그는 방송에 적합한 센스를 가지고 있었고, 방송출연을 하면서 박나래, 전현무 등 많은 인기 연예인들과 친분을 쌓으며 점차 활동 영역을 넓혀가고 있다. 기안84는 여전히 동료 웹툰 작가들과도 잘 어울리는 겸손한 인물이지만 동시에 유명 연예인들도 먼저 친해지고 싶어 하는 '핵인싸'다.

아프리카 TV에서 축구 해설로 유명한 BJ 감스트는 2019년 3월 김정근 아나운서 및 서형욱 해설위원과 함께 MBC에서 축구 중계방송을 진행했다. 운동에 재능이 없어 선수가 될 수는 없지만 프로 리그에 흥미를 가지고 있는 사람이라면 한번쯤 중계방송을 해보고 싶다는 꿈을 꾼다. 그러나 캐스터는 방송국 아나운서, 해설가는 주로 선수 출신의 위원이 맡으므로 해당 커리어 없이는 도전하기 힘든 꿈이었다. 하지만 감스트는 오로지 자신의 인기만으로 공중파 진출에 성공했다. 비록 시청자들에게 목소리와 멘트가 마음에 들지 않는다는 이유로 불평을 받기는 했지만….

개인의 인기와 유명도를 토대로 새로운 기회가 찾아오는 경우는 앞으로 더욱 늘어날 것이다. 과거에는 '아나운서나 선수 출신이어야 한다'는 것처럼 어떤 자격을 두고 기회가 열렸다면 이제는 상황이 바뀌고 있는 것이다.

경제 격차를 만드는
새로운 힘

지금까지 없던 존재, 대중

조선 시대의 모습을 상상해보자. 이 당시에는 어떤 직업이 있었을까? 양반은 학자나 정치인, 혹은 무관이 되어 살았을 테지만 인구의 대다수는 평범한 농사꾼이었을 것이다. 농경 사회인 조선에는 지금처럼 큰 도시가 발달하지 않았다. 대부분의 사람은 논밭에 둘러싸인 작은 촌락에 모여서 거주했다. 교통수단이 발달하지 않았으며 외지로 떠날 일도, 떠나야 할 이유도 없었다. 사람들은 이전부터 알고 지내던 주변사람들과 계속 지냈고, 마을에는 서로 모르는 이가 없었다. 외지인이 찾아오는 일이 드물어서 어쩌다 낯선 사람이 찾아오면 대개 호기심과 신선함을 내비치며 반가워했다.

이 시대에는 공장이나 대량생산이라는 개념이 없었으므로 대개의 물건은 수공업으로 생산되었다. 손으로 만들기 때문에 제작 기간이 오래 걸렸고, 완성품의 형태가 약간씩 달랐다. 그릇, 수저, 짚신, 농기구 같은 생활필수품은 말 그대로 필수적인 물건이므로 선택의 여지없이 주어진 대로 써야 했다. 한편 사치를 부릴 수 있는 일부 소비자, 즉 상류층들은 주문 제작을 통해 타인과 차별화된 나만의 물품을 가지려 했다. 지금처럼 옷이나 장신구를 대량생산하는 체제가 아니었던 것이다. (지금도 정말로 비싼 수공업 제품은 주문별로 맞춤 생산한다.) 한정된 사람을 만나며 한정된 물건을 가지고 살아야 하는 사회. 이 시대 사람들에게는 무언가를 고를 선택지가 별로 없었다.

이번에는 현대 사회로 돌아와보자. 우리는 하루에 몇 명의 사람을 만날까? 가족과 친구, 직장 동료…. '많아야 수십 명?'이라고 생각할지 모른다. 틀렸다. 우리는 훨씬 커다란 집단 속에서 살고 있다. TV를 틀면 드라마를 통해 배우 한지민을 만나고, 채널을 돌리면 예능 프로그램에 나오는 백종원 대표를 볼 수 있다. 페이스북에 접속하면 어떨까? SNS는 현실에서 만날 수 없는 사람과도 관계를 이어준다. 관심사에 따라 해외 뮤지션을 팔로잉하거나 환경운동가와 맞팔(서로 팔로잉하는 것)을 맺을 수도 있다. 우리 주변은 사람으로 가득하다. 사람만 많은 것이 아니다. 물건은 그보다 더욱 흔하다. 신발을 사고 싶다면 당신은 샤넬의 구두나 아디다스의 운동화를 고를 수 있다. 아니면 가수 블랙핑크가 신고 나왔다는 스니커즈를 선택해도 된다.

이렇듯 한 명의 사람이 접하는 대상이 많아지며 이전 시대에는 없던 개념이 등장했다. 바로 인기다. 인기는 여러 가지 중 하나를 고를 수 있을 때 탄생한다. 부모나 형제처럼 선택할 수 없는 대상에게는 적용되지 않는 개념이다.

이성간의 인기를 예로 알아보자. 산업화 이전 시대에는 주변에 만날 수 있는 이성이 많지 않았다. 그러니 연애 대상으로 큰 인기를 끄는 사람이란 존재하기 어려웠다. 또한 결혼 상대방을 자기 마음대로 고르는 경우도 드물었으므로 인기가 있어봤자 연애 상대자를 선택할 수 있는 일은 매우 적었고, 인기로 인한 큰 이득을 기대하기도 어려웠다. 결국 근대 이전 시대에 인기는 기껏해야 기생이나 광대에게 필요하다고 할 수 있었다. 일반인에게는 그다지 필요하지 않은 것이었고 얻기도 어려운 것이었다.

인기는 아는 사람들끼리 소집단으로 살아가는 농경사회가 아니라 산업사회로 들어서며 불특정 다수인 '대중'이 출현했을 때 비로소 정식으로 생겨났다고 해도 과언이 아니다. 18세기 중엽 영국에서는 석탄을 이용한 증기기관이 발명되었고, 대량생산의 공업이 발달하면서 산업혁명이 일어났다. 그 즈음 기술의 발달로 농업 생산성도 높아졌는데, 농부들의 인력이 이전만큼 필요하지 않게 되자 이들은 일자리를 잃었다. 마침 공장이라는 새로운 일터가 생기면서 사람들은 공업도시로 몰려들었다.

이제 대중으로 이루어진 진정한 의미의 도시가 생겨나기 시작했다. 여기에 정보통신 기술의 발달은 사람을 더욱 큰 집단으로 묶었다. 100명으로 구성된 작은 마을이나 수백 만 명이 모인 도시가 아니라, 전 세계 사람을 인터넷이라는 하나의 공간에 모아놓은 것이다.

정리해보자면 산업화가 일어나기 전에는 제품과 정보의 복제 기술도 부족했고, 유통망과 유통기술도 부족했고, 원거리 커뮤니케이션 기술도 없었다. 이런 상태라면 기본적으로 대중과 커뮤니케이션을 할 수 없고 거래를 할 수 없다. 하지만 산업화가 되고, 정보화 사회가 되면서 인류의 상황은 완전히 바뀌었다. 더 많은 사람들의 호감으로 선택을 받는 인기가 부와 권력을 결정하는 시대가 되었다. 인터넷, 스마트폰, SNS, 유튜브 등이 발달하면서 그 흐름은 더욱 격화되었다. 산업화 이전 시대에 사람들을 지배했던 종교나 왕권, 엘리트의 '권위'는 급격히 '인기'로 대체되어 갔다.

1인 1표의 시대를 산다는 것

근대와 현대 사회로 넘어오며 일어난 중요한 변화가 한 가지 더 있다. 1인 1표의 법칙이다. 모든 사람은 1표만큼의 동등한 힘을 가진다는 이 법칙은 정치 영역만의 이야기가 아니다. 문화나 경제에서도 발견되는 현상이다.

불과 수십 년 전만해도 클래식의 인기와 권위는 지금보다 높았다. 요한 바흐^{Johann Bach}나 루트비히 베토벤^{Ludwig Beethoven}의 음악은 당시 귀족들이 듣던 '수준 높은' 음악이었다. 대중들은 그것이 수준이 높다는 데에 별다른 의심을 하지 않았고, 비싼 오디오를 장만해서 클래식을 감상하기를 꿈꾸었다. 물론 진심으로 즐기는 사람도 많았겠지만 대중 사이에 상류층을 동경해서 모방하려는 경향이 있었다.

그러나 지금은 어떠한가? 한국의 아이돌 가수 BTS는 세계가 알아주는 뮤지션으로 인정받는다. 이제는 대중음악의 영향력을 아무도 폄하하지 않는다. 과거에 자녀가 바이올리니스트, 피아니스트가 되기를 바랐다면, 이제는 대중가수가 되기를 바란다. 이렇게 대중문화가 상류 문화만큼이나 힘을 얻게 된 데는 어떤 원인이 있었을까?

정치 이야기를 잠시 살펴보자. 산업화와 도시화가 일어나고 자본가^{부르주아}의 힘이 점점 커지면서 정치 제도에도 변화가 생겼다. 영국을 기준으로 설명하면, 농경시대에는 남성 귀족들만 투표를 하고 정치에 참여했지만, 모더니즘의 시대에는 참정권이 점차 확대되었다. 처음에는 자본가 계급, 그리고 점차 노동자 계급(그중에서 상위계급부터)까지 참정권이 확대되었다. (다만 최하위계급 그리고 여성의 참정권은 훨씬 늦게 이루어졌는데, 영국의 경우 1918년에나 여성의 투표가 가능했다.)

참정권이 확대되면서 국민들을 교육시킬 필요성이 생겼다. 근대에는 국민 교육과 계몽이 중요하게 대두된다. 참정권이 확대되면서 대중은 더 똑똑해질 필요가 있었고, 많은 국민이 무지에서 벗어나 지식을 쌓게 되었다. 똑똑해지자 자연히 자신감이 생겨났고, 권위에 대한 불필요한 신뢰와 모방은 줄어들었다. 최근에 인터넷과 스마트폰이 일상화되면서 사람들은 더 많은 걸 배우고 더 똑똑해졌다.

이제 대중은 문화나 경제의 영역에서 당당히 1표를 가진 주권자로 평가된다. 가장 직접적으로 보여주는 사례가 〈프로듀스 101〉 시리즈다. Mnet에서 방영하는 이 시리즈는 벌써 네 번째 시즌을 이어가고 있는 인기 프로그램으로, 101명의 연습생 중 아이돌 가수로 데뷔할 멤버를 시청자 투표를 통해 뽑는 내용이다. 이러한 프로그램이 있기 전에도 박진영, 양현석, 유희열처럼 가수 생활을 오래한 연예기획사 대표들이 나와 참가자를 심사하는 오디션 프로그램은 존재했다. 그러나 이번에는 평범한 시청자가 심사위원을 맡는다는 점이 다르다. '프로듀스 시리즈'의 팬들은 각 후보자의 외모, 실력, 끼 등을 종합적으로 평가하고 토론하는 데 진지함이 여느 전문가 못지않다.

TV 시청률이나 라디오 청취율을 집계할 때도 모든 사람은 누구나 1표만큼의 힘을 가진다. 권력자나 부자라고 해서 한 번에 10개의 방송을 볼 수는 없기 때문이다. 소수의 귀족이나 엘리트가 누리던 권력을 지금은 모든 대중이 나누어 가지게 되었다. 이제는 소수의 취향이 아닌 다수의 취향을 만족하는 사람, 다수의 지지를 받는 사람이 선택된다.

그리고 대중에게 인기 있다는 것은 경제적 이득을 가져온다. 위에서 살펴본 프로듀스 시리즈 시즌1에서 1위를 차지한 전소미의 경우 스마트폰, 화장품, 패션 등 수십 개가 넘는 광고를 찍었고 2018 평창동계올림픽에서 성화 봉송 주자로 선발되기도 했다. 평범한 10대 소녀로는 가질 수 없었을 기회들을 누리고 있는 것이다.

제2의 커리어를 쌓는
가장 쉬운 방법

N잡러에게 열린 신세계

누군가는 이렇게 말할지 모른다. "유튜버나 연예인은 인기가 중요한 특수 직업이다. 가게를 운영하거나 직장에 다니는 평범한 사람에게는 인기가 그다지 쓸모없다." 정말 그럴까?

우선, 인기는 직접적인 돈이 된다. 유튜브와 SNS를 통해 기존 소득 이외의 부수입을 올리는 사람이 늘어가고 있다. 서울대학교 김난도 교수 등이 쓴 《트렌드 코리아 2019》는 올해의 중요 변화 중 하나로 '세포마켓'을 꼽았다. 개인이 SNS 등을 통해 부수입 또는 주수입을 올리면 이것이 바로 세포마켓이다. 이 책은 세포마켓을 운영하는 등의 사람을 두고 투잡이나 쓰리잡처럼 '한 가지 직업만을 가지지 않는다'는 의미에서 'N

잡러'라 부른다.

이제 유튜브와 SNS를 통해 자신의 일상을 보여주거나 정보와 기술을 공유하는 사람들은 영향력뿐 아니라 금전적 이득을 벌게 되었다. 개나 고양이 같은 동물의 일상을 보여주는 채널, 요리법이나 메이크업 기술을 알려주는 채널 등의 인기가 늘어나면 직접적인 이익이 생긴다. 유튜브의 막대한 성장의 큰 원인은 동영상 업로더에게 수익을 배분해주는 시스템에 있었다. 누구나 쉽게 찍고 올릴 수 있으므로 진입장벽은 낮고, 성공은 시청자와 구독자 수, 즉 인기가 결정한다.

인터넷과 관련 산업의 발달로 인해 이제는 누구나 대중적 인기를 얻을 수 있는 시대가 되었다. 과거에는 연예인이나 정치인 같은 직업을 가지지 않은 개인이 인기를 얻을 수 있는 방법도, 그 폭발력도 매우 한정적이었다. 단지 친구가 많이 생기고 잘 놀 수 있을 뿐이었다. 인기가 직장이나 직업처럼 삶에 필수적인 문제를 해결해주지는 못했다.

하지만 이제는 인기의 폭발력이 커다란 수입과 권력, 명예를 가져다준다. 인기만 많이 얻는다면 직장에서 더욱 성공할 수 있고, 직장이 아닌 곳에서 나만의 일을 찾아낼 수도 있다. 과거에는 성공을 위한 길목이 정해져 있었다. 사법고시나 행정고시, 의대에 입학하는 것 등이 바로 계층 이동의 사다리였다. 하지만 지금과 같은 인기의 시대에 성공의 기회는 나이, 직업, 교육 수준에 관계없이 언제나 열려 있으며 성공은 도전하는 사람의 것이 되었다. 게다가 '올인'하지 않아도 된다는 점이 중요하다. 위험 부담이 줄어들고 취미나 부업으로 시작할 수도 있기 때문이다.

대한민국은 트렌드 공화국

대한민국은 특히 트렌드를 통한 인기로 인해 무언가를 이루기 좋은 환경을 가지고 있다. 대한민국은 역동적인 국가로서, 이 점은 인기의 변동과 전파에서도 두드러진다. 인구가 오천 만 명인 나라에서 천만 관객을 넘는 영화가 숱하게 등장하는 데에는 인기의 '바람'과 트렌드의 작용도 한 몫을 한다(2003년부터 2019년 5월까지 '천만 영화'는 총 24편).

대한민국은 다른 나라에 비해 인기의 바람이 많이 일어날 수 있는 요인을 가지고 있다. 우리나라는 독자적인 언어와 문자, 문화를 가진 나라로, 옆 나라 일본처럼 인구가 많지도 않고 땅이 너무 넓지도 않다. 또한 인종과 민족이 다양하게 구성되어 있지도 않다. 그리고 조선 시대가 끝나면서 양반 같은 계급의 개념이 희박해졌다. 그래서 한국인 사이에는 동류의식과 동질감이 큰 편이다.

동류의식과 동질감은 유행과 트렌드 전파에서 상당히 중요하게 작용한다. 학교에 다니는 아이들에게 비유해보자. 어떤 반에서 한 아이가 발명한 재미있는 유행어가 있을 때, 그 반에서만 재미있고 다른 반 아이들은 재미있게 생각하지 않는다면 그 유행어는 그 반을 넘어서 널리 퍼지지 못한다. 그런데 다른 반 아이들이 그 반과 동질의 의식이 있다면 유행어는 금세 퍼지게 된다.

이처럼 동류의식은 유행과 트렌드의 전파에 유리하다. 동류의식으로 인해 서울 강남에서 알아주는 패션이 전국 곳곳에서도 통할 수 있다. 최신 유행과 트렌드의 영향력은 좁은 지역에 국한되어서 퍼지지 못하고 소멸되는 것이 아니라, 널리 적용되고 빠르게 퍼지게 된다.

또한 동류의식은 경쟁을 심화시키는 역할도 한다. 모두가 같은 기준과 목표를 가지고 있다고 생각하고, 남과 비교를 많이 하기 때문이다. 치열한 경쟁은 힘이 많이 들기 때문에 비극일 수도 있지만 경쟁력을 향상시키는 역할도 한다. 타인과의 비교와 경쟁은 타인의 눈치를 많이 보므로 인기와 인기요소에 대한 관심과 향상에 원동력이 될 수 있다. 그리고 경쟁심으로 인해서 남들보다 더 빠르게 최신 유행과 트렌드를 이용하려 한다.

한국인들의 '빨리 빨리' 문화도 트렌드의 빠른 전파에 유리하다. 우리나라는 세계적 관점에서 선진국의 일원이 되었지만, 세계 최빈국 수준에서 여기에 오기까지 약 50년 정도에 불과했다. 세계적으로 유례없는 '압축 성장'이다. 언제부터인지는 확실치 않지만 우리는 빠른 경제 성장을 이룩하기 위해서 '빨리 빨리' 문화가 있었고, 아직도 남아 있다.

이런 문화는 한국에 방문하는 외국 사람들도 느낀다고 한다. 엘리베이터에서 '닫힘' 버튼을 누르고, 자판기에서 커피가 나오는 동안 컵을

빼려고 손을 넣고 있고, 버스나 비행기가 완전히 정차하기 전에 일어서 짐을 꺼내고, 학생들도 수업이나 종례가 끝나기 전부터 가방을 싼다.

빠른 것을 좋아하고 급한 성질은 어쩌면 감정적이고 직선적인 성격 및 표현과 연관이 있을 수 있다. 일본인에 비해 한국인은 표현이 감정적이고 직설적이다. 일본인은 속내를 잘 드러내지 않는 편이다. 그에 비해 한국인은 좀 더 솔직하고 감정 표현이 빠르다.

서양인 중에서는 특히 미국인이 감정 표현이 풍부한 편인데, 우리나라는 역사적으로 서양 국가 중에서도 미국의 영향을 많이 받았다. 미국의 철학은 전형적인 '실용주의'다. 이는 비효율적이고 무의미한 과정에 집착하지 않고 결과적 성공을 최우선으로 여기는 방식이다. 한국인들의 '빨리 결과를 이루고자 하는 욕망'과 잘 어울린다. 그래서 한국은 '빨리 빨리' 문화와 실용주의를 가지게 되었는데, 이는 전 국민이 트렌드에 매우 민감하다는 뜻이며 트렌드를 빠르게 파악하고 이용한다면 그만큼 큰 보상을 얻을 수 있다는 의미로도 해석할 수 있다.

2장
—
'나'라는 브랜드

미디어 시대에 성공을 만드는
새로운 공식

초등학생 장래희망은 대통령이 아니고 유튜버

2018년 12월 교육부에서 발표한 〈2018년 초·중등 진로교육 현황조사〉에서 초등학생이 원하는 미래 직업으로 '유튜버'가 새롭게 등장했다. (유튜버는 5위로, 1위는 운동선수, 2위는 교사, 3위는 의사, 4위는 요리사였다.) 유튜버는 유튜브라는 플랫폼에 한정된 단어이기 때문에 정확히 말하면 '인터넷 방송 진행자'를 뜻하는 스트리머^{streamer} 또는 인터넷 영상 크리에이터^{creator}라고 해야 알맞을 것이다. 다만 몇 년 전부터 유튜브의 영향력이 거대해졌고 유튜브를 통해 큰돈을 버는 사람도 늘어났다. 그러니 유튜버가 초등학생에게 선망의 대상이 될 수 있다는 점은 쉽게 예상되던 결과다.

유튜버는 시청자 수와 구독자 수에 비례해서 돈을 번다. 불특정 다수, 심지어 전 세계에 걸친 사람들에게 관심을 얻기 위해서 유튜버들은 온갖 노력을 하고 있다. 왜냐하면 그들의 생존과 성공은 불특정 다수의 선택인 '인기'에 100퍼센트 걸려 있기 때문이다.

유튜브 이외에 인스타그램이나 페이스북, 트위터 등 SNS에서 많은 팔로워를 가진 사람을 인플루언서^{influencer}라고 부른다. 이들도 요즘은 자신의 계정에 광고를 유치하거나 직접 물건을 파는 등 많은 수익을 창출하고 있다. 예전에는 인플루언서가 자신의 의견을 널리 퍼뜨릴 수 있는 사회적 영향력만 가지고 있었다면 이제는 직접 돈도 벌 수 있게 되었다.

앞서 말한 〈2018년 초·중등 진로교육 현황조사〉에서 크게 주목받지 못했지만 내가 놀랍게 생각하는 또 다른 결과가 있다. 중학생과 고등학생의 장래 희망에 '뷰티디자이너'가 10위권 내에 처음으로 진입했다는 것이다(중학생 6위, 고등학생 4위). 뷰티디자이너란 헤어, 메이크업, 네일 등 외모를 디자인하고 꾸며주는 사람을 말한다. 유튜버와 뷰티디자이너는 대개 프리랜서나 자영업자고, 얼마나 많은 사람들이 찾아주는가, 즉 인기로 먹고사는 사람들이다. 특히 '뷰티'는 인기를 바라는 사람들이 많아질수록 수요가 늘어난다. 우리는 다른 많은 사람의 호감을 얻기 위해 뷰티를 이용한다. 뷰티는 건강을 위한 것이 아니다. 오직 타인의 관심과 호감, 즉 매력 또는 인기를 위한 목적이다. 사회 전반적으로 인기에 대한 욕구가 관련 산업의 성장으로 나타나고 있고 청소년들은 빠르게 반응하고 있다.

오르락 내리락 예측할 수 없는 '조회 수'

인기가 인간의 삶에서 중요한 목표로 부상한 기간은 오래되지 않았다. 당신은 '인기욕'이라는 말을 들어보았는가? 꽤나 낯설게 들릴 것이다. 반면 권력욕이나 명예욕이라는 표현은 낯설지 않다. 그 이유는 권력과 명예는 오래전부터 전통적으로 인간에게 중요한 성취였지만 인기를 바라는 현상은 현대 이후, 특히 최근의 일이기 때문이다. 이러한 현상은 국내에만 한정되지 않는 세계사적 변화다. 문제는 '인기를 어떻게 얻을 것인가' 하는 점이다.

최근 유튜버가 되기 위한 동영상 편집 강좌나 SNS로 성공하는 방법을 다룬 마케팅 책이 쏟아져 나오고 있다. 그러나 계정을 만들어 게시물을 몇 개 올리다가 운영을 접기 마련이다. 구독자 수가 기대한 만큼 늘어나지 않기 때문이다.

직장인 A도 비슷한 경험을 했다. 영화를 좋아하던 그는 자주 다니던 커뮤니티 게시판에 영화를 리뷰하는 영상을 몇 번 올렸다. 그런데 올리는 글마다 조회 수도 높고 댓글도 많이 달렸다. 그는 본격적으로 시간을 투자하기 시작했다. 퇴근 후에는 최신 개봉작을 보기 위해 영화관에 달려갔고 주말에는 리뷰를 쓰고 영상으로 만들어 편집했다. 초반에는 구독자를 모으는 데 무척 긴 시간이 걸렸지만 곧 탄력을 받았고 금세 1천 명을 모을 수 있었다. A는 조금만 더 노력하면 투잡으로도 손색없겠다고 생각했다.

그러나 그의 인기는 여기까지였다. 어째서인지 그 이상의 구독자 증가는 없었으며 몇 개월 지나자 오히려 700명대로 하락하기 시작했다. 자극적인 제목을 달아보기도 하고, 돈을 들여 촬영 장비를 바꿔보기도 했지만 개선되는 것은 없었다. A는 이 일에 흥미를 잃고 중단했다.

21세기에는 인기가 부와 명예를 만들어낸다는 사실을 아는 사람이 늘어나며 인기를 꿈꾸는 사람도 증가하고 있다. 하지만 인기란 도대체 무엇이고 어떻게 얻어야하는지는 여전히 블랙박스 안에 감춰진 상태다. 인기를 갈망하는 사람들은 방법을 모른 채 신비주의에 기대기 쉽다.

인기가 어떻게 생성되는지, 어떻게 하면 인기를 높일 수 있을지를 알기 위해서는 먼저 인기가 대체 무엇인지부터 정리할 필요가 있다. 영어로는 'popularity'라고 하는 단어 '인기'는 아직 통일되지 않은 혼란스러운 개념이다. 그 자체는 만져지지도 않고 물질도 아니지만 존재한다. 인기는 연예인이나 제품 판매에만 적용되는 현상이 아니다. 인기가 더 많은 영역으로 확장되지 못할 이유는 없다.

많은 이성에게서 구애를 받는 상황뿐만 아니라 정치, 종교, 학문 분야까지 확장되는 '인기'의 공통적인 특징은 다음과 같다. '한 시점에서 불특정 다수(지인 포함)의 사람이 특정 대상을 호의적으로 선택하거나 채택하는 행동적 상태.' 이것이 바로 넓은 의미의 인기이자 인기의 정의이다.

우리가 무엇을 보고 '인기가 많다'고 한다면 일반적으로 선호하는 사람의 수가 많다고 보면 된다. 물론 한 사람이 동일한 스마트폰을 여러 대 구입하거나 한 끼에 음식을 3인분씩 먹기도 하겠지만 이런 경우는 드물다. 투표나 설문 조사, 유튜브 구독자 수처럼 많은 경우에는 1인 1표의 원칙이 적용된다.

물론 한 사람이 동일한 제품을 정기적으로 계속 구입하는 경우가 있는데, 이 정의에는 '한 시점'이라는 항목이 있다. 즉 한 시점에서 인기가 있는가를 판별한다. 소비자가 정기적이고 장기적으로 동일한 상품을 재구입하게 되면 그 상품은 '장기적으로' 인기가 있다. 한 사람이 어떤 영화가 너무 재미있어서 영화관을 여러 번 가는 경우^{재관람}도 마찬가지다. 영화의 종합적인 흥행에 한 사람이 여러 번 기여했는데, 장기적인 극장 개봉 기간을 결산한 결과다.

이처럼 우리가 고려하는 인기는 한 시점에 실제로 존재하는 것으로 보아야 한다. 한마디로 '현실적'이며, 과거, 미래와 분리된, 각각의 현재가 고려 대상이다. 사실 한 대상의 최종적, 종합적 인기는 어느 누구도 말할 수 없다. 미래의 인기를 누가 장담하겠는가? 한 대상의 인기는 계속 변하며 고정적이지 않다.

'인기'라는 것의 실체

사람들은 '인기'를 자의적 개념으로 사용한다. '권력' '권위' '지위' 같은 말도 명확히 정의되지 않기는 마찬가지지만 인기는 더더욱 그렇다. 역사적으로 인기가 중요하게 떠오른 지 얼마 되지 않았기 때문이다.

학창 시절 친구들에게 인기 있었던 것처럼 인기를 주변 사람들로부터 얻는 개념으로 이해하거나, "요즘 영화계가 너무 인기 위주로 흘러가고 있어!"라는 말에 등장하는 것과 같은 '좁은 의미'로 이해한다면 곤란하다. 인기는 21세기 세상을 움직이는 거대한 동력이기 때문이다.

우리가 얻고자 하는 인기란 많은 사람들이 좋아해서 선택하는 상태, 앞에서 말한 '넓은 의미의 인기'이다. 그렇다면 좁은 의미의 인기란 무엇일까? '단지 인기 높이기에 특화된' 기능과 그로 인한 인기를 말한다. 그것은 광고, 포장, 꾸미기처럼 알맹이와 대비되는 '껍데기'로 볼 수 있다. 우리는 흔히 이것에 너무 치중하는 것을 볼 때, '인기 위주'라고 생각하며 부정적인 감정이 생기기도 한다. 하지만 꼭 그렇지만은 않다. 껍데기와 이미지는 우리가 인식하고 커뮤니케이션하는 데 필요한 자연스러운 부분이며, 우리는 그것을 잘 이용해야 한다.

여기서 '알맹이'와 '껍데기'는 추상적 용어이고, 모든 대상(인간, 제품)에 적용될 수 있다. 알맹이는 '본질', 껍데기는 '이미지'로 볼 수 있고, 껍데기의 목적(존재의 이유)이 '인기 높이기'이기 때문에 '인기요소'로 바꿔 부를 수도 있다. 어떤 제품의 인기를 높이고 싶다면, 알맹이에 인기요소를 추가시키면 된다. 그래서 인기를 만드는 간단한 공식은 다음과 같다.

인기를 만드는 간단한 공식

알맹이 + 껍데기(인기요소)
본질 + 이미지

이것을 '공식'이라 부른 이유는 알맹이(본질)와 껍데기(인기요소, 이미지)가 각각 인기를 만들고, 그 두 가지가 합쳐져서 최종적인 인기가 발생하기 때문이다. 우리는 흔히 '인기'에서 좁은 의미의 인기, 즉 인기요소를 떠올리기 때문에 알맹이가 인기를 만드는 중요한 요인임을 간과한다. 하지만 둘 다 중요하다. 최대한의 인기를 얻기 위해서는, 특히 장기적으로 얻기 위해서는 껍데기뿐만 아니라 알맹이를 잘 만들어야 한다. 이는 당연한 말이지만 우리는 이 사실을 잘 잊어버린다.

겉표지가 아주 예쁘고 유명한 사람이 쓴 어떤 책이 있다고 해보자. 그 책은 겉보기에는 아주 그럴싸하지만, 막상 읽고 나서 얻을만한 지식과 감동이 없을 때, 우리는 '알맹이가 없는 책'이라고 말한다. 요즘 인문학 등 강연자들이 인기를 얻고 있는데, 거기서도 물론 알맹이와 껍데기를 나눌 수 있다. 알맹이는 강연에서 얻는 좋은 지식과 지혜이고, 껍데기, 즉 인기요소는 강연 사이에 삽입되는 유머, 강연자의 잘생긴 외모일 것이다.

연예인들도 알맹이와 껍데기를 구분할 수 있다. 자기 분야에서 본질에 속하는 실력적인 부분은 알맹이이고(예를 들어 노래 실력, 춤 실력, 연기력), 자기 분야와 본질적으로 무관하지만 추가되었을 때 주목도와 인기를 단기적으로 끌어올리는 부분은 껍데기(인기요소)이다. 예를 들어 섹시한 컨셉, 유머, 애교, 개인기 등이 주로 그러하다.

하지만 결코 껍데기가 나쁘다거나 제거시켜야 하는 건 아니다. 이 공식의 중요한 의의는 알맹이와 껍데기가 각각의 영역에 '분리되어' 존재한다는 것이다. 껍데기가 화려하다고 해서 알맹이가 부실하다거나 침해받는다는 법은 없다. 겉보기에 화려하고 많은 인기요소를 갖춘 연예인이 알맹이, 즉 실력도 좋을 수 있다. 그 경우에 가장 성공한다.

그리고 껍데기란 단지 불필요한 포장이 아니라, 생산자가 소비자에게 정보를 전달하는 '소통 과정'을 뜻하기도 한다. 알맹이만 만든다고 해서 곧바로 소비자에게 전달되지는 않는다. 소비 사회에서 알맹이는 소비자의 '의식적인 선택'을 받아야 한다. 이를 위해 소비자의 주목을 끌고 정보를 전달하는 과정이 필요한데, 그 부분을 껍데기^{인기요소}가 담당한다. 거리의 간판, 광고, 마케팅은 껍데기이자 인기요소이다. 다만 겉만 번지르르하고, 막대한 홍보를 하는데 막상 소비해보면 알맹이가 부실한 경우도 종종 있다. 그 경우에는 장기적으로 결국 인기가 줄어들게 된다.

우리는 '인기'의 실체를 막연하게만 알고 있었다. 인기가 어떻게 형

성되는지, 어떤 방식으로 높아지는지 깨닫는 것은 1인 브랜드의 시대에

가장 중요한 성공 요소가 될 것이다.

사람들은 자신에게
이득이 되는 것을 찾는다

스타크래프트를 하면 사회성이 좋아진다?

사람들에게 꾸준히 인기를 끄는 것들이 왜 인기 있는지 깨닫는다면 나의 브랜드를 가꾸는 데 도움이 될 것이다. 많은 팬을 거느리고 있는 분야인 '게임'에 대해 알아보자. 컴퓨터 게임 시장에는 매우 다양한 신작이 계속해서 출시된다. 청소년은 물론 직장인까지 게임을 취미로 삼는 사람이 아주 많다. 그런데 일부에서는 게임을 아무런 소득 없는 시간 낭비로 보기도 한다. 특히 학부모와 자녀 사이에서 게임을 둘러싼 갈등은 끊이지를 않는다. 그런데 게임이 정말 무가치할까? 게임이 우리에게 아무런 가치도 주지 않는다면 게임이 이렇게 오랫동안 인기를 유지할 수 있을까? 그렇다고 하기에는 시장은 너무나 크며 점점 더 커지고 있다.

게임의 본질은 스포츠에 있다. 어찌 보면 컴퓨터 게임은 일종의 스포츠를 컴퓨터로 구현한 것이다. 그렇다면 게임 또는 스포츠가 우리에게 주는 것은 무엇일까? 게임에는 화려하고 복잡한 게임도 포함되지만 술래잡기나 바둑, 체스나 카드게임 같은 들어 있다. 조금 확장해보자면, 게임은 레저나 여가 활동이다. 우리는 여가 시간에 레저를 즐기고, 게임을 하고, 스포츠를 즐긴다. 직접 하지 않더라도 프로 스포츠 경기를 관람하는 일도 매우 자주 오랜 시간을 들인다. 게임, 스포츠, 레저, 통틀어 온갖 여가에 엄청난 시간과 비용을 쏟아 붓는 사람들은 왜 사람들은 거기에 열광하는가? 그것들은 어째서 엄청난 시장을 형성하며 많은 인기를 얻고 있는가?

사람들에게 인기를 얻는 것을 살펴보면 그것이 나의 생산성을 높여주는 경우가 있다. 오락, 스포츠, 레저는 사람을 생산적으로 만들어주는 측면이 있다. 단지 일시적이고 자극적인 재미를 주는 것뿐만이 아니다. 좀 더 본질적인 측면에서 사람에게 장기적으로 도움을 준다. 게임이나 레저는 일종의 휴식이거나 재충전을 제공한다.

생산성을 높이는 데 여가는 도움이 된다. 휴식은 생산성에 필수적이다. 즉 여가는 생산성을 높여 사람을 '잘 살도록' 만든다. 사람은 단순 기계처럼 계속 동일한 일만 쉬지 않고 할 수 없다. 수렵과 채집으로 생존하던 시대부터 사람이 사냥 같은 생산 활동을 잘하기 위해서는 잠시 쉬었다가 순간적으로 큰 힘을 발휘하는 방식을 택해야 했다. 일하러 나

가지 않는 시간에는 사냥이나 수렵을 하다가 닥칠 수 있는 상황에 대해 예상하고 미리 연습해보며 나중에 더 뛰어난 활약을 펼칠 수 있도록 준비하기도 했다.

게임과 놀이, 스포츠는 이런 능력을 키워준다. 아이들이 술래잡기와 숨바꼭질을 하는 것, 수렵 채집 시대에 성인들이 다양한 놀이와 게임을 한 것에는 잠재적인 생산성을 높이고 미래에 대비하기 위한 목적이 있었다. 실제로 많은 종류의 게임은 정신적인 능력을 높여준다. 물론 공부로 정신적인 능력을 키울 수도 있지만 공부보다는 게임이 좀 더 편하고 재미있는 방식이며, 게임을 통해 공부로는 향상시키기 어려운 능력을 기를 수도 있다. 이처럼 '좋은 여가'는 다양한 종류의 생산성을 높인다.

실시간 전략 시뮬레이션 게임 스타크래프트^{StarCraft}는 우리나라에서 역사상 가장 인기가 많았던 컴퓨터 게임이다. 프로 선수와 프로팀도 생겨났고, 이들의 경기를 관람하는 문화도 일종의 재미로 자리 잡았다. 스타크래프트는 다른 게임과 비교해서 사용자의 정신적인 능력, 특히 '사회 생활'에 도움이 되는 능력을 높이는데 큰 효과가 있다. 플레이 방법이 어렵고 복잡하다는 단점에도 불구하고, 상대방의 심리 파악, 자원의 효율적인 배분과 투자, 절묘한 타이밍에 따른 과감한 결정, 창의적인 전략 등 사회생활에 중요한 좋은 능력을 계발시킨다. 이와 같은 효과를 내는 다른 게임은 찾기 어렵다.

여가 시간에 직접 스포츠나 운동을 하게 되면 몸이 튼튼해지고 정신적으로는 휴식을 취할 수 있다. 스포츠 경기를 관람하고 특정 팀을 응원하는 것만으로도 생산성에 도움이 된다. 뇌에는 '거울뉴런'이 있어서, 어떤 행동을 관찰하기만 해도 자신이 행동하는 것 같은 시뮬레이션 효과가 생긴다. 즉 운동의 이미지트레이닝이 된다. 남성들은 격투기 스포츠를 즐겨 보는데, 마치 자신이 싸움을 하는 것처럼 긴장하면서 근육이 움찔거린다. 우리는 재미있는 경기를 보면 '한편의 드라마'라는 표현을 한다. 스포츠의 과정은 일종의 스토리를 담고 있다. 스포츠 관람을 통해 노력과 도전, 협동, 승리와 같은 '성공의 스토리'를 알게 됨으로써, 성공하기 위해 어떻게 해야 하는지를 깨우치게 된다. 또한 특정한 팀을 응원함으로써 소속감과 책임감, 연대의식도 기를 수 있다.

많은 사람들이 여가 시간에 하길 꿈꾸는 '여행'도 마찬가지다. 휴식과 재충전의 장점 이외에도, 일상의 공간에서 벗어나 낯선 곳을 경험하면서 색다르고 다양한 세상의 모습을 관찰할 수 있고, 자신이 있었던 공간을 또 다른 시각으로 바라볼 수 있게 만든다. 많은 사람들이 여행을 다녀와서 성숙해지고, 새로운 시각을 갖게 되고, 창의성과 생산성이 늘어남을 경험했을 것이다. 단지 여행지에서 느끼는 자유로움뿐만 아니라 여행 기간 동안 나의 잠재적 능력이 향상된다는 점에서 여행의 즐거움이 늘어나는 것은 아닐까?

가장 흔한 여가인 '잠자기'도 생산성에 도움이 된다. 잠을 자게 되면 몸과 정신의 피로가 회복된다. 또한 잠을 자는 도중에 두뇌 속 지식이 정리되면서 기억이 잘 저장된다. 공부를 하는 수험생들은 잠을 너무 적게 자면 안 된다. 수면을 통해 공부가 기억으로 바뀔 시간이 있어야 한다.

심지어, 우리가 흔히 커피를 마시는 행위도 여가의 일종으로 볼 수 있다. 커피는 일하면서도 마시지만, 카페라는 휴식 공간과 함께하는 경우가 많다. 우리는 흔히 커피가 맛있어서 마신다고 말하지만, 정신을 맑게 만들거나 각성효과로 인한 생산성 증대가 없다면 지금과 같은 인기는 기대할 수 없다. 이렇게 휴식과 레저, 여가는 다양한 생산성을 높일 때 큰 인기가 발생한다. 이것은 여가상품에 있어서 껍데기가 아니라 '알맹이'다.

거울뉴런을 깨우는 'K팝'

우리가 레저와 여가 시간에 즐겨하는 것들은 대체로 생산적인 즐거움이 있다. 대중음악은 주로 여가 시간에 듣는데, 듣는 것만으로도 훌륭한 여가의 역할을 한다. 좋은 음악을 들으면 어떤 카타르시스를 느끼게 되는데, 재미있는 소설을 읽었을 때 느끼는 카타르시스와 비슷한 느낌이다. 카타르시스는 감정의 정화 작용으로, 몸과 정신에서 독소나 불순물(잡념, 우울감 포함)을 제거시키고 건강해진다는 의미가 있다. 그 과정에서 황홀감과 즐거움을 느끼게 된다. 음악에 맞춘 '춤'도 이러한 작용을 한다.

요즘 전 세계적 인기를 끌고 있는 K팝, 특히 K팝의 음악과 안무에 집중해보자. K팝이 세계적으로 인기 있는 이유는 '여가에 관련된 즐거움'에 강점이 있기 때문이다. 실력과 노력 부분을 제외한 '순수 예술'의 관점에서 보면 K팝이 다른 나라 음악에 비해 뛰어나다고 보기 어렵다. 오히려 미국이나 유럽, 일본 등 선진국의 대중음악은 예술성^{순수예술}이 K팝보다 앞선 부분이 많다. 전에 사용하지 않았던 곡의 구성을 사용하고, 파격적이고 새로운 시도를 많이 한다. 그리고 회사에서 전반을 기획하고 관리하는 K팝의 특징은 가수의 주체성 소양이 떨어지므로 예술성에서 불리하다(다만 요즘에는 세계 어디서나 유명 가수들이 회사의 도움을 받으므로 어느 정도 이해하는 편이다).

예술성이 높은 대중음악은 인기를 더 얻을 수 있는데, 순수예술의 측면이 적더라도 여가적인 요소가 높으면 인기를 많이 얻는다. 곡의 구성은 예술성과 여가의 덕 중에 하나를 택해야 될 때가 많다(현대 예술은 아름다움과 즐거움을 무시한다). 예술성을 별로 중시하지 않으면 오히려 여가라는 요소에 집중하는 장점이 생길 수도 있다. 예술성은 똑똑한 사람들의 고도의 통찰로 평가하지만, 여가의 덕은 즐거움과 함께 대중 소비자에게 직접 전달된다.

예술성이 부족하고 여가적 요소가 많다고 결코 하찮거나 저급한 건 아니다. 여가 역시 사람들의 생산성을 증대시키므로 숭고한 가치다. 진짜 훌륭한 작품은 둘 다 가질 것이다. 그리고 무언가가 가지는 인기는

'다양한 이유'에서 그것을 좋아하는 사람들이 합산되어 나타난다. 사람들이 어떤 노래를 좋아하는 이유는 제각각이다. 예술성 때문에 좋아할 수도 있고, 여가의 즐거움 때문에 좋아할 수도 있다.

세계적으로 인기 있는 K팝의 특징은 음악에 맞춰 단체로 춤을 추는 댄스 음악 위주라는 점이다. 특히 한두 가지 동작만 계속 한다거나 가수가 '자기 마음대로' 추는 춤이 아니라, 음악의 구성에 맞게 안무가 바뀌며, 그것이 모두 '정확하게 짜여 있다'는 특징이 있다. 서양 대중음악의 춤을 보면 가수가 흥겨워서 자연스럽게 몸을 흔드는 느낌이다. 어떻게 해야 한다는 규칙이 미비하고(무규칙적), 단순한 동작의 반복이거나, 아니면 따라 하기 어려운 춤이다. 반면에 K팝은 곡의 파트 변화에 따라 달라지는 안무가 철저하게 정해져 있으며, 그 동작은 항상 정확해야 한다. 멤버들이 연습할 때 약간의 각도라도 틀리지 않도록 철저하게 연습한다. 이를 소위 '칼군무'라 한다. 음악을 만들 때부터 안무를 감안해서 만든다. 즉, 춤(나중에 안무를 짜더라도)과 잘 어울릴 수 있는 노래를 만든다.

일본의 아이돌 그룹도 단체 군무를 하는데, 대체로 일본 아이돌 그룹의 군무는 마치 행위 예술이나 현대 무용처럼 보인다. 즉, 예술성을 중시한다. 반면에 K팝의 춤은 예술성보다는 '따라하면 즐거워지거나 멋져 보이는 춤'이다. 예술성이 높아지면 생산자와 관찰자가 구분되고, 관찰을 통해 의미를 얻게 된다. 즉 '관상용'이 된다는 뜻이다. 게다가 일본은 스토리를 너무 좋아해서 아이돌 멤버들의 성장 스토리를 매우 부각시키는데, 이런 것 때문에 춤과 노래 등 퍼포먼스에 집중도가 떨어진다.

반면 K팝의 춤은 관찰자가 보면서 '거울뉴런'을 통해 같은 동작을 하는 느낌을 받고, 공감empathy이 생긴다. 즉 생산자와 관찰자의 구분이 사라진다. K팝은 곡의 변화에 따라 어떤 동작을 하면 좋다는 걸 모범 답안처럼 알려주고 따라 하길 유도하는데, 수많은 외국 팬들은 이를 보고 '커버 댄스춤을 그대로 재현함'를 추고 유튜브에 영상을 올린다. 이렇게, K팝의 장점은 '연결성'에 있다. 실제로 K팝은 아티스트와 팬, 그리고 팬덤 내에서 유대감과 연대의식이 강하다.

문화콘텐츠와 소비자가 강한 연결성을 가지면서 혼연일체가 되어 즐기는 문화는 종종 '컬트cult'로 표현된다. 컬트는 외부에서 보기에 이해가 어려울 수 있고, 이상하거나 괴이해 보일 수도 있다. 하지만 비도덕적인 것에 빠지는 현상만 아니라면, 사람들은 컬트를 통해 카타르시스와 감정적인 이득을 얻는 장점이 있다. 컬트를 심각하게 받아들일 필요는 없다. 애초에 심각함과는 거리가 멀다. 팝pop의 시대는 주관적 감성의 시대이고, 그것의 가치를 객관적으로 평가하기는 어렵다. 오히려 가치가 높을 수도 있다.

결론적으로 K팝은 팝스러운 팝, 팝다운 팝이다. 이런 점이 시대적 추세에 잘 맞고, 최근 세계에서 인기를 얻는 요인이다. 반면에 서양이나 일본 같은 기존 선진국들의 팝은 전통적인 예술성과 작품성에 집착하는 측면이 있다. 그리고 그 점이 '팝스러움'을 희생시킨다.

과거에도 '팝스러운' 팝으로 열풍을 일으켰던 다른 나라의 사례가 있다. ABBA, Roxette, Ace of Base 등을 배출한 스웨덴 팝^{Swedish pop}이다. 스웨덴 그룹 A-teens의 노래 〈Upside down〉은 시트콤 〈논스톱〉의 배경음악으로 사용되었는데, 들어보면 한국 가요와 유사한 느낌이 든다. 유튜브 영상에도 'K팝 같다'는 외국인의 댓글이 달려 있다. 이런 북유럽의 팝은 과거 예술성이 부족하다는 이유로 평론가들에게 비판을 받았지만, 지금은 재평가의 대상이 되었다. 그들의 팝음악은 특히 한국인의 정서와 잘 맞아서 SM 등 국내 유명 연예기획사들이 스웨덴이나 덴마크, 노르웨이 출신의 작곡가들과 협업을 많이 하고 있다고 한다.

거짓말로 포장하는 것이
위험한 이유

자신을 목사라고 속인 남자

"정치인이나 연예인이 TV에서 하는 말은 반만 믿어라"는 식의 이야기를 들어본 적 있는가? 대중 앞에 서는 유명인이라면 인기를 얻기 위해 가식적인 말과 행동을 보여줄 수 있다는 뜻일 것이다. 그렇다면 정직한 말과 행동은 인기를 방해하는 요소일까? 거짓말에 능숙한 사람이 대중 앞에서 더욱 유리한 것일까?

정직함은 속이지 않는 것을 말한다. 이는 도덕성에서 중요한 부분이다. 그리고 도덕성은 좋은 성품으로 꼽히는 덕목이다. 예를 들어 결혼할 사람을 찾을 때 상대방의 도덕성이나 인성은 매우 중요한 평가 요소다. 또한 우리는 자신을 '정직하다'고 소개하지, '거짓말에 능숙하다'고 소개하지는 않는다.

우리나라에서 가장 유명한 식품회사 중 하나인 삼양은 1980년대에 '정직과 신용을 신조로 하는 삼양식품'이라는 표어를 대대적으로 홍보했다. 이 홍보가 효과적이라면, 많은 사람들이 그 회사를 좋게 보고 신뢰할 것이며 제품이 더 많이 팔릴 것이다. 이외에도 많은 연예인들은 선하게 보이려고 애쓰며, 정치인들은 말할 것도 없다.

이성과의 관계를 예로 살펴보자. 상대에게 잘 보이고, 고백했을 때 긍정적 대답을 듣기 위해서는 어떻게 하는 게 좋을까? 매력을 키우는 게 중요할 것이다. 겉모습을 잘 꾸미고, 말을 재미있게 잘 하고, 비싸고 멋있는 차가 있으면 좋을 것이다. 이런 것은 그 사람의 인기를 높여주는 부가적인 요소들이다. 그러면 배우자를 선택하는데 있어서 '핵심'은 무엇일까? 많은 돈이나 좋은 직업은 사람에 따라 배우자의 필수 조건으로 볼 수 있다. 다만 '성격'은 분명 아주 중요한 요소 중 하나지만, 사람마다 좋아하는 타입이 다를 수 있다(다만 '착한 성격'이 일반적으로 선호된다). 그런데 이성을 선택할 때 실제로 중요한 부분인데 의외로 많은 사람들이 잘 인식하지 못하는 부분이 있다. 그것은 '진실함' 또는 '진심'이다.

국내에서 크게 흥행한 코미디 영화 〈할렐루야〉(1997년작)에서 한량 생활을 하던 주인공은 짝사랑하던 여자의 마음을 얻기 위해 자신을 목사라고 속이고 한 교회에서 개척 자금을 타내 도망가려는 계획을 세운다. 그런데 그의 꿈에 돌아가신 아버지의 영혼이 나타난다. 아버지는 여자를 얻기 위해서는 '진심'이 중요하다고 말하지만 그는 '돈'이 더 중요하다면서 말다툼을 벌인다. 상대 여성은 주인공이 사기를 벌이고 있다는 것을 알게 되면서 크게 실망하게 되고, 남자는 결국 모든 사람에게 자신의 실체를 자백한다.

여자든 남자든 상대방이 얼마나 진실한가, '진심으로 자신을 사랑하는가'를 매우 중요하게 본다. 잘 웃고, 매너 있게 행동하고, 달콤한 말을 해서 환심을 살수는 있지만, 사람들은 그것이 유혹하기 위한 부가적 요소이고, 알맹이는 따로 있다는 걸 안다. 한두 번만 만나고 말 것이라면 가식적인 말과 행동으로 속일 수도 있다. 하지만 한 사람을 계속 만나게 되면 그의 알맹이가 드러나고, 그 부작용을 직접 당하게 된다. 우리는 가식적인 말과 행동에 '낚여서' 함정에 빠지는 것이 싫기 때문에, 어떤 사람과 좀 더 깊은 관계를 맺을지를 선택할 때 상대가 얼마나 진실한지, 진심인지를 알고 싶어 한다.

리얼 예능이라는 가면 뒤에 숨겨진 '대본'

진실함의 미덕이 없이 가식적이고 거짓말을 자주하는 사람과 가까워지면 자주 속게 되는데, 이는 나에게 불리한 일이다. 그래서 우리는 진실한 사람을 좋아한다. 현명한 사람은 (자신의 이득을 위해서) 상대방의 진실성을 빠르게 파악한다. 잠시 인기가 없을 지라도, 장기적으로 진실함의 미덕은 인기를 얻게 된다. 이는 이성을 만나는 관계 뿐 아니라 물론 동료와의 관계에서도 중요하다.

재미있고 멋있는 사람이라도 가식적이고 진실하지 않음이 파악되면 그를 좋아하지 않게 된다. 가식을 싫어하고 솔직하고 진실한 사람은 인기를 얻을 수 있다. 그는 가식이 없기 때문에 순수해 보일 수 있다. 요즘 세상에 순수한 사람은 바보로 인식되기도 하지만, 이성이나 동료 간에 순수한 사람을 좋아하는 사람들이 의외로 많이 있다. 그들은 진실함의 미덕을 좋아하는 것이다. 순수함은 가식적인 꾸밈이 없으므로 인기를 빠르게 만들기는 어렵지만(바보로 인식되는 이유가 이 때문이다), 그 안에 담긴 진실성은 분명히 언젠가는 인기를 만든다.

사회생활에서 신용과 평판은 매우 중요하다. 신용이 있고 평판이 좋은 사람은 사람들이 좋아하고 따르고, 인기가 높아진다. 신용은 주로 진실과 정직의 미덕에서 비롯되고, 신용은 평판에서 매우 중요한 부분이다. 다만 진실함이 신용으로 바뀌고, 또 사회적인(동료들 간의) 좋은 평판으로 바뀌는 데 시간이 오래 걸릴 뿐이다. 하지만 진실함이 없으면 그것을 가질 수 없다. 간혹 사기꾼이 한탕 사기를 치기위해서 거짓말로 신용을 쌓는 경우도 있지만, 그렇게 한탕 사기를 치고 쫓기는 신세를 원하는 게 아니라면, 신용과 평판을 높이기 위해서는 진실과 정직을 쌓아야 한다.

진실과 정직이 호감을 일으키고 인기를 만든다는 사실은 오래전부터 잘 알려져 왔다. 시대가 바뀌어도 변하지 않는다. 19~20세기 중반 이후, 대중적 인기라는 것이 중요해지기 시작하면서 자신의 정직성을 적극적으로 자랑하는 사례가 늘어났다. 정치인들은 예나 지금이나 자신이 진실한 사람이라고 주장한다. 연예인들도 마찬가지다. 예능 프로그램들은 대본을 가지고 꾸며진 쇼보다도 '리얼' 버라이어티가 더 많아졌다. 리얼리티 쇼에서는 미리 짜지 않고 닥친 상황에 따라 본인의 솔직하고 자연스러운 모습을 보여준다. 어쩌면 미리 대본을 가지고 계획한 행동이 더 재미있을 수도 있지만, 짜지 않고 그대로 보여주는 방송은 진실과 정직의 덕으로 인해 호감을 일으킨다. 간혹 리얼함을 주장하는 방송이 미리 짰다는 사실이 밝혀지면서 큰 비난을 받고 시청률이 추락하기도 한다. 정글에서 리얼 적응기를 보여주며 높은 시청률을 자랑하던 SBS 예능 프로그램 〈정글의 법칙〉은 일부 참가자가 거짓이라는 폭로를 하면서 심대한 타격을 입었고, 깊은 사과와 함께 사건을 수습하는데 진땀을 빼야 했다.

그런데 스스로 '나는 진실한 사람이야'라고 말하는 것은 인기를 얻는 데 별 도움이 되지 않는다. 요즘 사람들은 똑똑해졌기 때문에, 증거를 제시하거나, 정직한 척보다는 차라리 자신의 속마음을 그대로 표현하는 것이 솔직해 보이고 오히려 진실해 보인다. 20세기 후반 이후로 팝가수들은 거친 말을 하고, 본능적 욕구를 드러내는 퍼포먼스를 많이 하기 시작했다. 우리나라에서도 소위 '쿨'하다고 여겨지는 힙합이나 록 분야의 가수들은 자유롭게 자신의 본심과 욕구를 표현한다. 그들의 퍼포먼스는 겉보기에 저급해 보이지만 오히려 희한하게도 고상해 보인다. 그 이유는 그 솔직한 표현이 진실함과 정직함을 알려주는 한 방식이기 때문이다. 가식과 위선은 거짓의 일부다.

브랜드 가치는 도덕성에서 온다

도덕성도 진실함과 마찬가지다. 사실 진실함과 도덕성은 많은 부분이 겹치거나 서로를 포함할 수도 있는 개념이다. 위선은 정직하지 않으며, 거짓말은 부도덕하기 때문이다. 다만 도덕의 핵심적 부분에는 진실함 이외에도 타인에게 해를 끼치지 않기와 타인을 도와주기, 즉 배려와 자선이라는 특성이 속해 있다. 이 모든 부분을 포함해서 '도덕성'이 된다. 그래서 도덕성은 진실과 정의를 포함하는 상당히 큰 개념이다. 진실함과 선함이 인기를 증가시키는 사례는 너무나 많아서 굳이 일일이 언급할 필요도 없어 보이지만, 자칫 간과할 수 있는 부분이므로 사례를 통해 알아보기로 하자.

기업이 인기를 얻고 성공하는 중요한 요인 중 하나는 바로 도덕성이다. 저명한 사회심리학자이자 브랜드 연구가인 수잔 피스크^{Susan Fiske}는 《어떤 브랜드가 마음을 파고드는가^{The Human Brand}》에서 기업의 '따뜻함'이 브랜드 가치를 높이는데 매우 중요함을 강조한다. 다시 말해 제품이 잘 팔리고 인기를 얻기 위해서는 기업이 따뜻함, 선함의 미덕을 가져야 한다는 것이다. 기업이 선함의 미덕을 갖기 위해서 할 일은 많이 있다. 소비자들에게 진실하기, 친절하게 응대하기, 고장의 수리나 애프터서비스에 철저하기 뿐 만 아니라 어려운 이웃에게 기부하기, 병원이나 공공 교육시설 등 사회 공헌활동하기로 선함을 높인다. 사실 질 좋은 제품을 싸게 파는 행위도 선하다고 할 수 있다. 그 밖에 환경을 보호하는 행위, 세계 평화에 이바지하는 행위도 물론 선하다.

많은 기업들은 이러한 선행이 브랜드 가치를 높이고 인기를 높인다는 점을 오래전부터 알아왔기 때문에 많이 신경 쓰고 있다. 그들은 최대한 도덕성의 덕을 가지도록(소비자가 그렇게 느끼도록) 노력한다. 브랜드는 하나의 인격과 같고, 그 인격이 '덕'을 가진다. 최근에는 소비자가 물건을 구매한 만큼 어려운 이웃에게도 기부가 되는 '1+1' 사업 방식이 인기를 얻고 있다. 소비자의 기분도 좋지만 그 기업의 도덕성으로 인해 인기가 올라간다. 예를 들어 미국의 브랜드 탐스슈즈는 소비자가 구입한 만큼 저소득 국가 아이들에게 신발을 기부하는 방식으로 큰 성장을 이뤘다.

기업이 선행을 많이 하면 인기가 올라가고, 부도덕한 행위를 하면 인기가 추락한다. 고위급 임원이 부하직원, 하청업체 직원, 또는 경비원이나 운전기사에게 험한 말이나 태도로 '갑질'을 하다가 국민의 분노를 일으키고, 기업의 매출과 이미지가 추락하는 일이 종종 일어난다. 소비자에게 거짓말을 하다가 들통 나서 주가가 폭락하기도 한다. 몇 년 전 폭스바겐, 미쓰비시, 닛산 등 유명 자동차 회사들이 연비를 조작해서 거짓 발표를 했음이 밝혀지자 주가가 폭락하고 커다란 손실을 입게 되었다. 무엇보다 비도덕성에 대한 실망과 분노가 컸다.

직원의 부도덕성을 진실한 사과를 통해 만회하고 오히려 전화위복이 된 사례도 있다. 2009년 유튜브에 한 영상이 올라왔다. 미국의 한 도미노피자 매장의 직원이 치즈를 콧구멍 속에 넣었다가 그것으로 피자를 만드는 등 불결한 장난을 치는 내용이었다. 이 소식이 뉴스로 전해지자 소비자들은 분노했고 매출이 폭락할 조짐이 일어났다. 그런데 당시 CEO였던 패트릭 도일^{Patrick Doyle}과 수석 주방장 등 임직원들이 직접 진심어린 사과 영상을 찍었다. 그 영상으로 인해 사람들의 분노는 누그러들었고, 도미노피자에 대한 이미지가 좋아졌다. 아마도 최하급 직원의 잘못을 최고위급이 직접 나서서 사과했다는 점에서 호감을 얻었던 것 같다.

거짓말 때문에 치명적 타격을 입다

연예인과 같은 직업에서도 인성은 매우 중요하다. 잘 나가던 연예인이 부도덕한 행위로 인해 비난을 받고 연예계 활동이 정지되거나 퇴출당하는 일이 종종 일어난다. 흔히 높은 사람이나 규범이 도덕성 판단을 통해 퇴출시킨다고 생각할 수 있는데, 사실은 대중이 싫어해서 자연스럽게 퇴출당하는 것이다. 비도덕적인 사람은 대중의 비난을 받고, 그와 함께 인기가 떨어진다. 불법적인 사건사고 뿐 아니라 평소에 이기적인 성격이라는 소문이나 과거에 '일진'이었고 다른 아이들을 괴롭혔다는 과거가 폭로되면서 인기가 추락하고 퇴출되기도 한다. 실제로 대부분의 연예기획사에서는 지망생을 선발할 때 인성을 많이 보며, 연습생으로 뽑은 뒤에도 인성이 좋지 않으면 퇴출시킨다. 또한 회사에서 연습생을 훈련시킬 때 인성과 예절 교육도 필수로 시킨다고 한다.

그런데 종종 도덕성을 자신의 인기 요소로 이용하려고 '착한 척'을 하는 사람도 있다. 위선일지라도 착한 척을 하는 것과 실제 성격을 그대로 보이는 것 중 어느 것이 더 나은 전략일까? 실제로 착한 성격이 아니라면 솔직한 게 낫다. 위선이나 거짓말이 들통 나면 치명적이기 때문이다.

2018년에 구독자 수 100만 명이 넘는 유명 유튜버가 감사의 의미로 컴퓨터 등 비싼 경품을 추첨해서 구독자들에게 나눠주는 이벤트를 벌였다. 그런데 당첨자가 알고 보니 지인이었다는 등 조작되었다는 사실이 밝혀지면서 커다란 비난을 받았다. 이 사건으로 해당 유튜버는 수십만 명의 구독자가 감소했고 오랜 기간 회복되기 어려운 타격을 입었다. 신뢰의 상실은 장기적으로 치명적인 손실을 부른다.

대중이 선정적이고 폭력적인 것을 매우 좋아한다는 주장도 사실이 아니다. 자극적인 이슈가 되어 눈길을 끄는 작용도 하지만, 그것이 부도 덕하다면 인기는 오히려 떨어진다. 선정성과 폭력성만 크고 알맹이가 빈약한 콘텐츠는 포르노처럼 몰래 소비하거나 단지 작은 틈새시장을 형성할 뿐이다.

유튜브는 자체적으로 선정적이고 폭력적인 콘텐츠를 엄격하게 규제 한다. 영상을 올리는 사람들은 관심을 끌기 위해 틈만 나면 선정적이고 폭력적인 영상을 올리려하고, 유튜브는 이를 매우 바쁘게 감시하고 삭 제한다. 국가에서 규제해서라기보다는, 결국 그랬을 때 전체적인 사용 자가 더 늘어나기 때문이다. 유튜브에서 선정적인 동영상이 난무한다면 지금과 같은 어마어마한 유튜브 붐은 있기 어렵다.

요리에 적용했을 때, 알맹이가 '영양가 있는 재료'라면, 양념은 인기 를 불러오는 추가적인 요소다. 양념을 많이 쳤다고 해도 맛있다면 부도 덕하다고 여겨지지 않는다. 다만 양념 중에 '인공조미료'는 약간 상황이 다르다. 우리가 왜 인공조미료^{MSG}를 친 음식을 좋아하지 않는지에 대 해 생각해보자. MSG가 건강에 해롭지 않다는 전문가의 해명을 듣고 나 서도 사람들은 여전히 MSG가 적게 들어간 음식을 더 선호한다. MSG 는 '감칠맛'을 향상시키는 역할을 한다. 그런데 그 감칠맛은 원래 고기 와 채소 같은 알맹이 재료에서 발생하는 깊은 맛이다. 사람들이 MSG를 나쁘게 보는 큰 이유 중 하나는 MSG가 알맹이의 맛을 손쉽게 양념으로 대체함으로써, 진실함이 훼손된다는 점에 있다. 조미료를 넣지 않고 동일한 맛을 내기 위해서는 좋은 재료, 요리사의 실력처럼 많은 투자가 필요하다. 그러니 MSG를 넣지 않고도 맛있게 만들었다고 하면 그 식당과 요리사는 칭찬을 받는 것이다. 그만큼 사람들은 '속이지 않고 진짜로 가치 있는 것'을 좋아한다는 점을 기억해야 한다.

BTS의 빌보드 1위는 소속사의 마케팅 덕분?

1만 시간이 만들어내는 실력

우리는 많은 노력을 통해 한 분야에서 높은 실력을 가지게 된 사람을 좋아하고, 칭찬하고, 존경한다. 큰 노력은 성과에서 필수가 아닐 수도 있다. 사람마다 타고난 신체적 조건이 다르기 때문에 노력의 효율성이 다를 수 있기 때문이다. 하지만 많은 노력이 있었다면 호감이 더 증가한다. 예를 들어 뛰어난 운동선수가 별로 연습하지 않고도 이룬 경우보다 많은 연습과 노력을 통해 이루었다고 하면 더욱 호감 있게 느껴진다.

성과에서 보다 중요한 건 실력과 능력(예를 들어 운동선수의 기량)이므로 노력은 추가적인 요인이 되지만, 대개의 경우 높은 실력에는 많은 노력과 연습이 필요하다. 어느 분야든 전문가 수준의 높은 실력을 가지기 위해서는 1만 시간의 연습 또는 공부가 필요하다는 말이 있다. 심리학계에서 잘 알려진 '1만 시간의 법칙'이다. 말콤 글래드웰Malcolm Gladwell이 쓴 세계적인 베스트셀러 《아웃라이어Outliers》에서도 이 내용이 소개되었다. '아웃라이어'는 예상을 뛰어넘는 특이한 것을 지칭하는 용어로, 이 책은 크게 성공한 사람들의 비결을 다루고 있다. 하루 세 시간씩 일주일에 스무 시간을 어떤 일에 투자한다면 10년쯤 되었을 때 약 1만 시간을 누적한 것이 된다.

전설적인 록그룹 '비틀즈Beetles'의 인기 비결에는 단지 좋은 노래만 있었던 것은 아니다. 그들은 공연 실력이 매우 뛰어났다. 비틀즈는 무명이던 시절에 작은 클럽을 돌며 공연을 했는데, 그 양이 엄청났다. 몇 년 동안 하루도 쉬지 않고 공연을 했는데 그들이 성공하기 시작한 1964년까지 공연한 시간만 1천 200시간이라고 한다. 그 엄청난 연습량으로 인해 그들의 기량과 실력은 매우 뛰어난 수준에 오를 수 있었다.

오랜 시간에 걸친 많은 연습을 통해 전문가 수준의 기량을 가진 사람은 종종 '장인'이라 불린다. 사람들은 그들의 고지식한 노력과 높은 실력으로 인해 장인을 존경하고 장인이 만든 제품을 구입하고 싶어 한다. 그가 만든 제품의 품질도 좋겠지만 장인이 만들었다는 점이 제품과 브랜드의 이미지, 특히 '품격'을 높인다. '품격'이란 '고급'을 의미하고, 소비자는 고급을 좋아한다. 다만 가격이 비싸서 잘 선택하지 못할 뿐이다. 품격이 있으면 값을 올릴 수 있다.

장인이 만든 제품은 수작업으로 소량 생산만 할까? 명품은 비싼 가격으로 소량을 생산한다고 알려져 있는데, 극소수의 최고급 시계나 최고급 스포츠카의 한정판만 그럴 뿐, 사실 명품도 대량생산을 한다. 명품브랜드가 프린트되어 있다는 이유만으로 높은 가격을 받는 티셔츠를 보라. 앤디 워홀Andy Warhol이 자신의 작품을 판화 기법으로 '찍어낸' 것과 마찬가지다. 그래도 비싼 값으로 팔린다.

대량 생산으로 가격을 얼마든지 내릴 수 있음에도 불구하고 높은 가격으로 구매를 제한하게 되면 상식적으로 비난을 받을 수도 있다. 하지만 비난이 좀처럼 일어나지 않는 이유는 그 '품격'을 만들기가 쉽지 않기 때문이다. 마치 특허권이 (일반 경제이론에서 나쁘게 보는) 독점을 허용해주는 이치와 같다. 거기에는 많은 노력이 들어갔고, 노력은 힘과 시간이 많이 드는 일이다. 물론 노력뿐 아니라 실력도 필요하다. 명품은 남다른 실력과 노력이 들어갔다고 보기 때문에 대량생산에도 불구하고 높은 값을 매길 수 있다.

대량생산 명품의 예로 애플의 '아이폰'이 있다. 아이폰은 (제대로 된) 최초의 스마트폰이고, 그 새로운 세상을 연 개척자는 애플과 창업자 스티브 잡스Steve Jobs다. 잡스는 이미 전설적인 인물이 되었는데 그에 대한 여러 편의 영화가 만들어지기도 했다. 그는 IT업계에서 보기 힘든 장인으로 여겨진다.

공장에서 찍어내는 전자 제품에 어떻게 장인이 있을 수 있을까? 그는 기술적 지식이 있었지만 기술 전문가는 아니다. 그는 철학, 종교학 등 인문학을 대학에서 전공했다. 잡스에게는 장인 정신이 있었다. 장인 정신은 최고의 제품을 만들기 위한 노력과 열정, 고집이다. 그는 자신이 원하는 최고의 제품을 만들기 위해 잘 보이지 않는 부분까지 꼼꼼하게 만들라고 직원들을 닦달했으며, 섬세한 부분의 디자인, 조작감을 좋게 만들기 위해 노력했다. 기술자와 개발자의 편의를 중심으로 한 게 아니라 '사용자'를 중심으로 최고의 제품을 만들기 위해 노력했다. 이러한 장인정신은 그가 세상을 떠난 뒤에도 애플에 그대로 이어졌다.

스티브 잡스와 애플의 장인 정신 그리고 개척 정신은 '고급'이라는 이미지를 만들었고 이는 대중적 인기가 되어 애플 브랜드에 담긴다. 애플 제품이 가격이 비싸도, 노력의 대가라고 여기고 큰 불만 없이 구입한다. 그리고 명품의 고품격을 느끼고 남들에게 자랑할 수 있게 된다. 그 근원에는 오랜 노력과 개척정신, 장인정신이 있었다. 그리고 대개 예술성이 포함된다.

호감을 높이는 예술성

싼 제품과 명품의 가장 큰 차이는 '예술성'에 있다고 볼 수 있다. 명품 시계, 명품 자동차, 명품 의류, 애플의 제품은 겉보기에도 뭔가 독특하다. 예술을 잘 모르는 사람이라도 예술적이라는 점을 느낄 수 있다. 그런데 '예술'은 실력, 노력과 큰 관련이 있다. 그 어원도 하나다. 고대 그리스, 인도계 언어에서 '테크네techne'라는 말은 기술, 실력, 예술을 의미했다. 예술적으로 높은 수준은 기술적인 실력이 뒷받침된 것이라고 보았기 때문이다.

그런데 현대 예술의 한 종류인 현대 미술을 떠올려보자. 현대 미술가는 작품을 손으로 직접 그리지 않는 경우가 많다. 뛰어난 기술력이 요구되지 않으므로 과연 현대에 기술적 실력과 예술이 얼마나 관련이 있는지 의아해질 수 있다. 여기서 말하는 기술은 단지 겉으로 보이는 손기술만 말하지는 않는다. 노력이 포함된 '내면의 실력'을 말한다. 그 노력과 실력에는 정신적인 부분이 포함된다.

작품의 예술성을 높이려면 생산자가 예술에 대해 이해해야 하고, 그러기 위해서는 인문학 공부를 해야 한다. 예술학(미학), 철학, 문학, 역사 등 인문학 공부를 통해 인문학적 소양이 높아야만 진정으로 예술을 만들어낼 수 있다. 그것이 곧 예술에 대한 내면적 실력이다. 인문학적 소양은 타고날 수 없고 쉽게 단기간에 얻을 수 있는 게 아니다. 많은 노력과 공부가 필요하다. 심지어 겉보기에 똑같은 결과물처럼 보여도 '누가' 만들었는지, 어떤 '의도'를 가지고 만들었는지에 따라 예술이 담길 수도 있고 아닐 수도 있다.

저급한 성인 잡지가 인문학적 소양에 따라 의도적으로 제시되면 '키치'Kitsch라는 고상한 예술 작품이 되고, 그게 없으면 단지 흔하고 저급한 것에 머문다. 앤디 워홀이 슈퍼에서 흔히 볼 수 있는 통조림의 모습을 그저 판화로 찍어낸 것과 마르셀 뒤샹^{Marcel Duchamp}이 공장에서 생산된 변기를 미술관에 전시한 것도 마찬가지다. 그들의 예술성과 실력은 눈에 보이는 데 있는 것이 아니라 그들이 가진 인문학적, 예술적 소양과 통찰력에 있다.

정신적인 공부만 필요한 것이 아니라, 많은 기술적 연습도 필요하다. 그것이 모두 합쳐져서 노력과 실력이 되고 예술로 승화된다. 몇몇 현대미술이 '이건 나도 만들겠는 걸?'이라는 생각이 들게 만들지만 일반적으로 그 작가는 그 이전에 많은 기술적 연습을 했다. 심지어 컴퓨터로 작업을 하는 디자이너도 대체로 그 전에 손으로 그리는 연습이 많이 필요하다. 정신적이든 육체적이든 고독하지만 많은 노력은 겉보기와 다른 차이, 즉 예술을 만든다. "산은 산이고 물은 물이다"라는 말이 당연한 수식일지라도 수십 년간 산 속에서 수련한 승려가 말했을 때 아무나 쉽게 하는 말과 다른 의미를 지닌다.

예술은 '고급'으로 인지된다. 명품의 고급은 예술의 고급과 통한다. 사람들은 고급을 인정하고 더 좋아하고, 높은 값을 지불한다. 거기에는 알맹이를 형성하는 많은 노력과 높은 실력, 예술성이 작용한다. 인기요소처럼 한탕주의나 빠른 성과와는 다르다. 높은 실력을 갖추려면 장기간 많은 노력과 연습이 필요하다. 그 과정은 고독하고 힘들다. 장인은 그런 노력과 시간이 걸려야만 탄생한다. 그 때문에 인기는 늦게 나타나지만, 껍데기(인기요소)가 아닌 좋은 알맹이와 그에 따른 인기를 만드는 대표적인 방식이다.

보아에서 BTS까지… 훈련이 만들어낸 스타

외국에서의 '한류열풍'은 꽤 오래전부터 곳곳에서 일어났지만 특히 최근 몇 년 간 K팝이 세계적으로 커다란 인기를 얻고 있다. BTS가 미국 빌보드 순위에서 연거푸 1위를 하는 이변도 일어났다. 세계의 주류를 뒤집어놓을 정도가 아니라 할지라도, 언어와 문화가 많이 다른 나라의 대중음악을 전 세계 젊은이들이 좋아한다는 사실은 매우 특이한 현상이다.

흔히 우리는 K팝 같은 대중문화가 즉각적인 재미나 강렬한 자극을 주므로 음악성 같은 것보다는 자극적인 인기요소(껍데기)가 더 중요하게 작용할 것이라고 생각한다. 하지만 분석해보면 그렇지 않다. 외모, 패션, 재미있는 소통, 섹시함과 귀여움, 마케팅 등 인기요소도 중요하지만, 알맹이가 매우 중요하다. 특히 인기요소는 국내의 코드에 주로 맞춰져 있으므로 외국에서 일어나는 한류열풍은 오히려 본질적인 부분에 더욱 크게 영향을 받는다. 앞에서 대중가요의 음악과 춤의 알맹이(여가의 덕)에 대해 살펴보았는데, 다른 측면에도 주목해야 할 점이 있다.

빌보드 차트를 제패한 BTS를 이야기하기 전에, 2000년대 초중반 장기간 일본 오리콘 차트를 제패했던 보아의 경우를 보자. 일본에 진출했을 당시 보아는 만 15살 정도의 어린 나이였는데 당시 일본에서 보기 어려운 격렬한 춤을 추는 실력을 가지고 있었다. 그러면서 가창력도 매우 뛰어났다. 보아는 뛰어난 춤 실력과 노래 실력을 가지면서 라이브로 동시에 보여줄 수 있는 대단한 실력을 가지고 있었다. 당시 아이돌 가수들 중에 그 실력이 '최고'였고, 주로 그 때문에 한국과 일본에서 엄청난 인기를 얻었다. 얼굴이 예쁘다든가 일본어를 잘한다는 건 그에 비해 훨씬 중요하지 않은 부수적인 요인에 불과하다. 보아는 초등학생일 때 연예기획사에 들어가 약 3년 간 스파르타식 트레이닝을 받았다. 그 힘든 과정을 통해 높은 실력을 가질 수 있었다.

한편 BTS는 거대 기획사 소속이 아니어서 마케팅 측면에서 불리했다. 그래서 그들은 주로 '실력'으로 승부했는데 이것이 외국에서 통했다. 우리나라에서도 인정받는 아이돌에 속하기는 했지만 국내의 위상에 비해 외국에서 더 인기가 많다. 그래서 많은 사람들은 국내에서 최고가 아닌데, 어떻게 외국에서 최고가 되었는지 의아해한다(BTS의 경우 외국의 인기의 영향으로 국내 인기가 더 높아졌다).

일단 그들은 춤과 노래 실력이 뛰어나다. 멤버 전원이 몇 년간 힘든 연습을 통해 그 실력을 가지게 되었다. 다만 이는 BTS뿐 아니라 요즘 한국 아이돌 그룹 대부분이 거치는 과정이고, 그 때문에 BTS뿐 아니라 많은 그룹들이 외국에서 인기가 많으며 한류열풍을 일으키고 있다. 그런데 BTS의 특색은 멤버들이 직접 작곡과 작사를 하고 안무를 만든다는 점이다. 다른 가수들도 종종 이벤트 삼아 제작에 참여하는 경우는 있지만, BTS는 좀 더 적극적으로 '싱어송라이터^{Singer-songwriter}'의 요소를 활용한다. 이 부분은 실력과 예술의 측면에서 매우 좋게 작용한다.

BTS는 인성도 좋다고 알려져 있다. 팬들에게 매우 잘 대해주고 다가가려고 노력한다. 그리고 젊은이들의 고민에 공감하고 사회적 문제를 평화적으로 해결하려고 한다. "자신을 사랑하고 그 사랑을 넓혀가자"라는 메시지를 전파시키면서 UN에서 세계 젊은이들을 대상으로 한 연설도 했다.

BTS뿐만 아니라 오래전부터 많은 한국 아이돌 가수들이 외국에서 인기가 많은데 그 커다란 이유 중 하나는 힘든 스파르타식 훈련에 있다. 외국에서는 이런 방식이 거의 없다. 외국의 몇몇 가수들이 춤을 매우 잘 출수는 있지만 대개 특출 나게 타고난 경우다. 우리나라 아이돌 그룹은 연예기획사에 들어올 때부터 힘든 경쟁을 거쳐야 하고, 연습생으로 들어온 뒤에 엄격한 방식으로 훈련을 받는다. 연습 기간 동안 연습생들끼리 경쟁하면서 정기적으로 평가를 받고 순위를 매긴다. 마치 대학 입시 수험생들끼리의 경쟁과 유사하다. 한국인들은 청소년기의 매우 힘든 교육과정을 자연스럽게 받아들인다. 반면 다른 나라들에서는 청소년들이 그처럼 힘들게 자기계발과 경쟁을 하는 일이 드물다. 서양 선진국 청소년들은 자신의 적성에 맞는, 자기에게 쉬운 일을 빨리 찾으려 한다.

실력 있는 가수가 성공하는 건 당연하다. 마이클 잭슨^{Michael Jackson}, 휘트니 휴스턴^{Whitney Houston}, 머라이어 캐리^{Mariah Carey}, 아델^{Adele} 등 최고의 인기 가수들은 모두 최고의 실력을 가졌다. 외모나 쇼맨십 같은 부가적인 요소 때문이 아니다. 물론 가수뿐 아니라 연기자도 실력, 즉 연기력이 좋아야 많은 영화에 캐스팅 되고 대중에게 호감과 인기를 얻게 된다.

근래 국내에서 가장 인기가 많은 솔로 가수인 아이유도 실력 때문에 성공했다. 가장 뛰어난 가창력과 라이브 실력을 가졌고, 나중에는 작사작곡을 직접 하는 싱어송라이터가 되었다. 아이유는 실력이 좋을뿐더러 대중에게 순수하게 노래에 집중하는 이미지를 가지고 있다. 단지 '이미지'가 아니라 노래와 예술에 대한 순수한 열정이 장인정신, 예술성과 결합된다. 이렇게 알맹이는 이미지로 투영될 수 있다. 알맹이를 알아채면 그것이 이미지가 된다.

실력 없는 가수가 인기 요소만으로 승부하면 비난을 받기도 한다. 예를 들어 실력(또는 알맹이)이 없는데 섹시함을 강조하면 약간의 인기는 얻지만 금방 열기가 꺼지고 비난도 많이 받는다. 하지만 실력이 있다면 좀처럼 비난받지 않는다. 그룹 마마무는 종종 파격적인 섹시함을 보여주지만 실력이 높기 때문에 비난이 없이 이득만 얻는다.

국내 음원 차트에서 종종 거대 기획사의 가수가 아니고 마케팅도 잘하지 않은 인디밴드의 노래가 높은 순위를 차지하곤 한다. 엄청난 자금을 투입했으면서도 순위에서 밀린 거대 기획사에서는 상당히 당황스러운 일이다. 대중은 그 인디밴드의 실력과 예술성을 좋아한다. 대중의 입맛에 맞추려고 하기 보다는 자기의 음악을 하고 예술성을 갖춘 면이 성공의 요인이 된다. 예술성이 대중적 인기와 무관하다고 생각할 수 있는데, 그렇지 않다. 대중의 지적 수준이 매우 낮다면 그럴 수도 있겠지만 사람들은 똑똑해졌고 예술을 직감적으로 이해하게 되었으며, 예술성을 좋아하는 경지에 올랐다. 그 어느 때보다 대중은 똑똑해졌다.

2018년 한국 영화계가 참패한 이유

K팝이 세계적인 성공가도를 달리고 있는데 반해, 한국의 영화계는 최근 몇 년간 졸작을 대거 양산했다. 과거 몇몇 영화들이 세계적으로도 좋은 평가를 받기도 했지만, 특히 2017~2018년에 나온 많은 영화들은 겉으로 보이는 반짝 요소만 중시하고 본질을 도외시한 결과, 관객들의 외면을 받았다.

많은 영화 감독과 제작자들이 한탕주의에 빠진 것으로 보인다. 이름값이 높은 배우나 아이돌 스타를 캐스팅하고, 불필요하게 선정성과 폭력성을 높이고, 정치적으로 인기 있는 요소를 넣고, 마케팅에 엄청난 노력을 한다. 도저히 청소년 관람가가 아닌 것 같은 영화가 뒤에서 이루어지는 알 수 없는 마케팅의 힘 때문인지 청소년 관람가 영화가 되기도 했다. 반면에 감독의 기량을 알 수 있는 촬영, 편집, 구성, 스토리의 개연성 등은 너무나 미흡하다. 예술성은 따질 수조차 없다. 마케팅 때문에 개봉 뒤 처음에는 관객들이 몰렸지만 곧 입소문으로 인해 인기가 추락하고 흥행에 실패했다.

상업영화가 흥행과 대중성을 가장 중시할 수는 있다. 하지만 제작관계자들이 착각한 부분은 한방을 노릴 수 있는 '인기요소'들만 갖추면 흥행할 수 있다는 생각이다. 그런데 인기를 얻기 위해 영화는 서적보다도 알맹이가 더 중요할 수 있다. 책은 사놓고 읽지 않는 경우도 많고 알맹이의 깊은 의미를 파악하기도 쉽지 않으므로 종종 빛 좋은 개살구가 많이 팔리기도 한다. 하지만 영화는 그 핵심이 금방 드러난다. 영화의 흥행, 즉 대중성을 위해서는 알맹이가 매우 중요하고 필수적이다.

영화보다 쉽고 대중적이라 여겨지는 만화의 경우는 어떠할까? 세계를 제패하고 있는 일본의 만화는 스토리 이외에도 강점이 있다. 많은 사람들이 일본 만화를 즐겨보면서도 간과하기 쉬운 부분은 일본 만화의 '그림 실력'이다. 한국, 미국, 유럽 등 다른 나라 만화들은 상대적으로 어떤 실력이 부족해서인지 시간 부족의 문제인지 그림을 간단히 그리는 것처럼 보인다. 주로 이야기만 전달하면 된다고 생각하고 그림은 쉽게 그리려 한다. 반면 일본 만화는 그림에 명암을 넣는 부분, 화면 구도, 선의 표현 등이 매우 섬세하고 정교하다.

요즘 우리나라 만화가들은 편의성 때문에 대개 컴퓨터 프로그램으로 작업하는데, 일본 만화가들은 아직도 펜과 종이를 사용하는 비율이 높

다. 단지 시대에 뒤떨어진 방식으로 봐야 할까? 일본의 제품을 만드는 사람들은 장인 정신이 있다고 과거부터 많이 알려져 왔다. 그로 인해 오래전부터 일본 제품은 고급으로 인식되어 왔고 이는 경제 성장의 원인이 되었다. 일본 만화를 그리는 사람들도 그와 유사한 장인 정신을 가지고 그린다. 그뿐 아니라 《초시공요새 마크로스^{超時空要塞マクロス}》(극장판, 1984), 《신세기 에반게리온^{新世紀エヴァンゲリオン}》(극장판, 1997), 《센과 치히로의 행방불명^{千と千尋の神⊠し}》(극장판, 2001)이 보여주듯, 높은 예술성과 인문학적 소양을 담은 작품이 엄청난 인기를 얻기도 한다.

멋지게 비상해 한순간 추락한
스베누가 잊고 있던 것

배우고 익혀서 기본기를 다져라

사람들이 좋아하고 찾게 만드는 방법에는 세 가지가 있다. 껍데기 잘 만들기, 알맹이 잘 만들기, 껍데기와 알맹이 모두를 잘 만들기다. 물론 둘 다 잘 만드는 세 번째 방법이 가장 큰 인기를 만든다. 사실 두 가지 중 한쪽을 완전히 경시하는 경우는 드물며, 바람직하지 않다. 좋은 알맹이는 알려져야 하기 때문이다.

그런데 껍데기와 알맹이는 그 속성이 매우 다르고, 만드는 방법도 차이가 크다. 큰 차이는 껍데기는 사람들에게 잘 인지되지만 알맹이는 그렇지 않다는 점, 반면에 껍데기에 비해 알맹이가 실질적으로 사람들에게 주는 혜택이 크다는 점이다. 왜냐하면 껍데기는 순전히 인기를 높이기 위해 알맹이에 추가된 부분이므로, 주목을 일으키고 자극적이고 단기적이다. 예를 들어 약(또는 음식)을 먹었을 때 몸에서 장기적으로 일어나는 효과는 알맹이이다. 한편 그 약의 광고, 약을 먹기 쉽게(맛있게) 만들기(양념), 마케팅은 껍데기다. 알맹이의 효과는 소비자가 빨리 알기 어렵고, 일반적으로 느리게 나타난다. 마케팅을 하지 않은 좋은 영화는 입소문을 타고 느리게 인기를 얻는다.

알맹이를 잘 만드는 과정, 즉 나 또는 작품의 본질적인 가치를 높이는 과정도 그와 유사하다. 알맹이를 키우려면 고독하고 성실한 노력이 필요하다. 다른 사람들이 알든 모르든 혼자서 연습하고 공부하고 노력해야 한다. 노력을 일부러 감출 필요는 없지만, 만약 다른 사람들이 알지 못하는 사이에 묵묵히 노력했다는 사실이 나중에 밝혀지면 추가 점수를 얻기도 한다. 그래서 심지어 누군가에게 한때 "너는 노력이 부족하다"라는 말을 듣더라도 괜찮다. 단지 그들이 당시에 모를 뿐이다. 정말로 중요한 건 남들이 알든 모르든 자신이 노력하고 연습하고 있는가 하는 점이다. 진짜 노력은 보여주기 위함이 아니라 알맹이를 높이기 위함이다.

인기요소는 타인에게 어떻게 보이는가가 중요하지만, 알맹이는 그게 중요하지 않다. 알맹이는 내부에 숨겨져 있는 것이기 때문에 사람들이 잘 보지 못하고, 심지어 그것을 높이는 노력의 과정도 잘 이해하지 못한다. 공부하는 과정을 곁에서 바라보자. 그저 책을 눈으로 보고 종종 글자를 끄적거릴 뿐이다. 다른 사람은 그 머릿속에서 어떤 일이 일어나는지 잘 모른다. 딴 생각을 하는지 공부를 하는지도 모른다. 겉보기에 그 행동이 지식과 능력을 높이는지를 알 수 없다. 다양한 실력을 높이기 위한 연습과 연구 활동도 마찬가지다. 주변 사람들, 문외한들이 겉으로 보기에 그 행동이 어떻게 알맹이와 실력을 높이는지 이해할 수 없다.

이렇게 알맹이를 높이기 위한 노력의 과정은 타인에게 잘 드러나지 않고, 결과는 나중에 나온다. 주변 사람들이 보기에 잘 이해할 수 없는 행동에 오랫동안 빠져있는 것처럼 보인다. 그래서 그 과정에서 흔히 인기가 없는 아웃사이더가 될 수 있다. 쉬운 예로, 학창시절에 공부만 하는 아이는 인기가 많은 아이는 아니다. 다른 알맹이를 높이기 위한 연습과 연구도 마찬가지다. 하지만 실력이 높아지고 좋은 알맹이를 만들면 언젠가는 인사이더가 된다. 알맹이를 만드는 과정은 마치 농사와도 같다. 농부는 가을철 수확을 위해 봄과 여름에 매우 열심히 일한다. 긴 기간 동안 수확은 전혀 없고 힘든 과정만 있다. 하지만 나중에 큰 이익이 생긴다.

주의할 점은 '어떻게 하면 알맹이를 키울 수 있는지'를 알아야 한다는 것이다. 농사에서 좋은 수확을 얻기 위해서는 올바른 방식으로 일해야 하는 것처럼, 잘못된 방법이나 길로 들어서면 알맹이를 잘 키울 수 없다. 알맹이의 가치는 궁극적으로 인간에게 이로운 절대적 높낮이를 가지는데, 그 '절대성'의 기준이 뭔지를 알아야 한다. 그걸 모르면 헛된 노력을 하게 된다. 예를 들어 예술성을 키우고 싶다면서 예술사에 대해 제대로 공부를 하지 않으면 예술적으로 전혀 의미가 없는 진부한 작품을 만들 가능성이 크다. 예술적인 작품을 만들려면 예술사를 통한 어떤 진보를 이루어야 하는데, 그 바탕과 역사를 이해해야만 가능하다. 잘못된 방향으로 가거나 역행하면 헛수고에 불과하다.

그래서 교육이 중요하다. 교육은 착각에 빠지지 않게 만들고, 노력의 올바른 방향과 효율적인 방법으로 이끌어준다. 혼자서 하는 공부도 필요하지만, 그것만으로는 착각에 이르거나 비효율적이 될 가능성이 크다. 다른 곳에서 '이끈다'는 점은 중요하다. 혼자서는 자유롭기 때문에 잘 끌려가지 않으려 하고 자기 마음대로 선택하려 한다. 그래서 절대적 방향과 그 과정에서 벗어나는 경우가 많다. 하지만 알맹이의 가치는 절대적 방향성이 있기 때문에 그걸 아는 다른 누군가가 가르쳐주는 것이 좋다. 스승의 가르침을 모두 따라야 한다는 말이 아니다. 좋은 스승과 올바른 교육 과정이 필요하다. 예를 들어 공인된 커리큘럼을 이수하는 것이 좋고, 좋은 스승에게 수업을 듣고 피드백을 받는 것이 좋다. 단지 혼자서 공부하고 연습하는 것과는 분명한 차이가 있다. 정리해보자면 오래, 더 많이, 올바른 방향으로 공부하고 연습할수록 실력은 점점 더 좋아진다.

현재 읽기와 미래 읽기

알맹이는 장기간에 걸친 미래를 읽는 방식으로 계발하고, 껍데기는 현재를 읽는 방식으로 계발한다. 현재 읽기는 자기 주변이나 평균을 읽는다기보다는 현재 가장 '핫'하거나 폭발적 성장세에 있는 것, 즉 트렌드를 읽는 것이 가장 효과적이다. 인기요소^{껍데기}는 소비자의 '당시' 심리에 의존하므로, 특히 트렌드에 의존하거나 트렌드를 이끌어야 한다. 그리고 결과도 현재, 단기간을 중요하게 여긴다. 시점이 중요하다. 간행물에 비유해서 인기요소^{껍데기}가 매월 새롭게 꾸며지는 잡지라면, 알맹이는 오랜 가치를 의도한 서적이다.

반면에 알맹이는 궁극적이고 절대적으로 통하는 것을 만들기 때문에, 시점이 중요하지 않다. 다만 과학적 업적을 먼저 이룬 사람만 기억되듯이, 다른 이가 하기 전에 먼저 하는 건 중요하다. 그러한 업적을 이루기 위해서는 '누적적인' 연구가 필요하다. 즉 기본과 기초에서부터 점차 쌓아 올라가 최전방까지 나아가야한다. 그래서 시간이 오래 걸린다. 그런데 다른 경쟁자들도 똑같은 처지이므로 오래 걸리고, 만약 자신이 어떤 업적을 세웠다면, 그것의 인기가 줄어들고 다른 것으로 대체되기 위해서는 그보다 '절대적으로' 더 뛰어나야 한다(혹은 운동선수처럼 자연스럽게 기량이 줄어들어서 대체되거나). 그래서 다른 사람들이 그걸 뛰어넘기 위해서 더 힘든 노력을 해야 한다. 반면에 인기요소는 누적적인 연구와 연습이 필요하지 않다. 단기간에 한탕을 노리는 것이므로 딱 그 시점에 맞는 것만 준비하면 된다.

인기요소를 높이는 방법은 주로 '인기가 발생하는데도 그 시점에 다른 사람들이 미처 신경 쓰지 못한 부분'을 찾아내어 하는 것이다. 그러면 트렌드를 잘 이용하거나 트렌드를 이끌 수 있다. 특정 시점과 장소를 잘 이용하는 건 인기요소다. 예를 들어 봄 벚꽃 축제 현장에서 솜사탕을 팔면 많은 돈을 번다는 걸 다른 사람들이 잘 몰랐을 때 알아내어서 장사를 하면 많은 돈을 번다. 솜사탕에 눈과 입을 붙이고 캐릭터처럼 만들면 더 많은 돈을 번다. 만약 다른 사람들이 같은 생각을 가지고 뛰어들어 경쟁이 심해지면 돈 벌기가 어려워지고, 그때는 인기요소든 알맹이든 '차별화'가 있어야만 돈을 더 번다. 인기요소를 잘 만들기 위해서는 사람들의 눈치를 잘 살피고 시류의 단기적 변동을 잘 이용해야 한다. 마치 주식투자를 할 때 기술적 분석을 통해 타이밍을 노려 돈을 버는 방식과도 같다.

반면에 알맹이를 높이기 위해서는 언제 인기가 발생할지 명확하지 않지만 결국 반드시 인기가 발생할 부분을 찾아야 한다. 주식 투자를 할 때 그 회사의 본질적 부분을 보고 투자하는 방식과도 같다. 이를 '가치 투자'라 하는데, 가치 투자는 느긋하고 장기적이다. 세계적인 투자가 워런 버핏Warren Buffett이 좋아하는 방식이 가치 투자다. 안 좋게 보면, 인기요소는 '꼼수'와 비슷해 보이는 면이 많고, 알맹이는 순수하지만 잘 드러나지 않으므로 답답해 보일 수 있다. 실제로 꼼수를 잘 사용하는 사람은 주로 인기요소에 집중하는 사람이고, 답답하고 고지식해 보이는 사람은 주로 알맹이에 집중하는 사람인 경우가 많다. 알맹이에 노력하면 훌륭해 보이지만, 만약 잘못된 방식을 택해 헛수고를 하면 어리석은 사람이 된다. 가장 좋은 건 둘 다 높이는 것이다.

인기요소^{껍데기}든 알맹이든 사람들이 당신을 좋아할 이유를 찾아보라. 어떤 부분이 너무 부족하다고 하면 보완하려고 노력하라. 알맹이를 진정으로 높이는데 시간이 오래 걸린다고 하지만, 자세와 태도만 바꿔도 좋아지는 부분이 있다. 사람들은 알맹이의 어떤 부분을 종종 빨리 파악하기도 한다. 그리고 이미지로 투영되기도 한다.

자기계발, 판매, 유통 뿐 아니라, 어떤 경우에서든 '정확한 미래 예측'에도 둘 다 필요하다. 성공의 가장 좋은 방법은 미래를 잘 예측하는 것이라고 한다. 미래를 예측해서 남보다 먼저 선점을 하거나 길목을 잡고 있으면 크게 성공할 수 있다. 미래에 반드시(매우 높은 확률로) 도달하게 되는 그 길목을 예측하기 위해서는 인기요소와 알맹이를 모두 이해하고 '융합'해야 한다. 인기요소는 이전과 특이하게 달라지는 변동을 담당한다. 트렌드 같은 부분이다. 그런데 트렌드는 단기적이고 미시적인 변화다. 좀 더 거시적이고 먼 미래까지 내다보려면 알맹이의 관점이 필요하다. 다만 역사는 종종 알맹이의 섭리에서 빗나간다. 알맹이는 껍데기에 흔히 가려지기 때문에, 예측하기 어렵고 현재를 지배하는 껍데기가 역사의 방향을 완전히 바꿔놓는 경우도 종종 일어난다.

스베누, 단기간에 떠올라 단기간에 추락하다

2014년, 우리나라 인터넷 방송에서 'BJ소닉'이라는 닉네임으로 스타가 된 사람이 '스베누'라는 새로운 신발 브랜드를 만들었고, 곧이어 막대한 마케팅 비용을 투입하기 시작했다. 최고 인기 연예인을 광고 모델로 기용하고, 프로게임단을 창설하고, 심지어 세계 최고 수준의 축구단 맨체스터유나이티드와 광고계약을 맺기도 했다. 마케팅 덕분에 그 브랜드는 젊은이들 사이에 이미지가 매우 좋았고 기업은 단기간에 크게 성장했다.

하지만 연구개발과 품질관리는 뒷전이었고, 품질이 나쁘다는 문제가 제기되면서 곧 인기의 거품이 꺼졌다. 타사 디자인 표절 문제가 제기되었고, 인터넷에는 물이 닿으면 염색이 번진다는 불만 글이 연달아 올라왔다. 결국 창업자가 하청업체로부터 고소를 당하고 결국 회사가 문을 닫았는데, 인기를 얻었던 기간은 1~2년에 불과했다. 이처럼 인기요소만으로는 회사가 오래갈 수 없다. 알맹이가 좋아야 오래간다. 개인의 인기도, 다른 어떤 상품들도 마찬가지다.

'연구개발'은 사람들에게 도움이 되는 좋은 제품, 성능 향상을 위한 과정이다. 앞에서 말했듯이 노력은 남에게 보여주기 위한 게 아니다. 그런데 흔히 연구개발을 '보여주기 위한 노력'으로 혼동하는 경우가 있다. 심지어 연구개발은 현실성이 약간 떨어져도 괜찮다. 오히려 너무 현실적이어서는 좋지 않다. 시류와 트렌드에 영향을 많이 받으면 제대로 된 연구가 되지 않는다. 인기요소로도 못쓰고 알맹이도 부족한 죽도 밥도 안 되는 결과물을 낳는 경우가 흔하다. 더구나 '이미지'의 측면에서도 연구개발의 순수성과 시류에 타협하지 않는 태도가 호감을 얻는다. 단지 돈벌이가 아닌 소비자와 인류를 위한 숭고한 정신으로 보인다. 그 호감이 브랜드 가치를 높인다.

예를 들어 테슬라 모터스$^{Tesla\ motors}$는 실현될지 알 수 없는 거창한 연구개발을 하는데, 현실적 가능성과 무관하게 이미지가 높아지고 주가가 오른다. 얼마 전 알파고 열풍에서 보듯 구글의 인공지능에 대한 막대한 투자도 이미지를 상승시킨다. 기업이든, 예술가든, 개인이든 개척 정신, 도전 정신, 실험 정신은 알맹이를 계발하는 방식이면서 이미지를 높인다. 다만 '보여주기'에 치중하는 건 추천하지 않는다. 껍데기에 불과하기 때문이다.

우리나라는 성미가 급해서인지, 현실에 바로 적용될 수 있는 것만 개발하려고 하는 경향이 있다. 그런데, 과연 현실에 빨리 적용된다고 해서 인기가 있다는 보장이 있을까? 적용됨과 결과적 인기는 다르다. 연구개발이 트렌드를 따라가다가 좋은 결과를 못 얻는 경우가 흔하다(정부에서도 흔히 유행과 트렌드에 따라 지원액을 늘린다). 하지만 알맹이는 트렌드에 맞게 만드는 게 아니라, 절대적 기준에 따라 만든다. 물론 패션이나 마케팅 연구처럼 트렌드, 인기요소의 연구개발도 필요하지만, 알맹이를 높이는 연구개발이 필요하다. 스티브 잡스의 도전정신과 개척정신은 어디에서 나왔는지 생각해보자. 인간을 위한 절대적 가치에서 나왔다(그의 제품은 인간 중심이다).

결국, 이미지

역대 대통령 당선인의 공통점

2016년 미국 대선에서 도널드 트럼프^{Donald Trump}의 당선은 이미지의 중요성을 보여주는 사례다. 대선이 치러질 당시만 해도 많은 언론들은 힐러리 클린턴^{Hillary Clinton}의 당선 가능성을 높게 점쳤다(특히 우리나라에서 더했다). 트럼프는 CNN 등 주요 언론과 사이가 좋지 않았고 미국에서 멀리 떨어진 사람들은 언론에 비친 트럼프의 부정적인 이미지로 인해 대중의 이미지에서 힐러리에 밀린다고 생각했다. 하지만 트럼프의 이미지가 나쁘지 않았다는 건 결과로 증명되었다.

대중의 선호는 이미지와 깊은 관련이 있다. 정치인을 선출하는 투표도 물론 그렇다. 트럼프는 힐러리 클린턴에 비해 국정 경험이 현저히 떨어진다. 대신 오락 프로그램 같은 엔터테인먼트로 유명해졌다. 트럼프의 거침없고 종종 저속해 보이는 언행은 엔터테인먼트의 측면에서 용서 받을 수도 있다. 선진국 유권자들은 오락적 퍼포먼스와 본질을 구분한다. 그런데 클린턴의 이미지는 우리들의 예상과 달리 사실 좋지 않았다. 뉴욕타임즈^{The New York Times}의 칼럼니스트 데이비드 브룩스^{David Brooks}는 클린턴이 비호감 이미지를 가지고 있다고 지적했다. 그에 따르면 클린턴은 일중독과 같은 차가운 이미지를 가지고 있다고 한다. 따뜻하고 인간적인 이미지가 아니라 권력 지향적이고 딱딱한 혹은 교활해 보이는 이미지가 클린턴의 발목을 잡았다. 그 이미지는 대중의 취향이 아니었다.

한국의 2002년 대선에서도 유사한 부분을 살펴볼 수 있다. 노무현 당시 후보자의 이미지는 이회창 후보자에 비해 훨씬 대중 친화적이었다. 대법관 출신의 이회창은 순수한 엘리트 그 자체였다. 자기 분야에서 1등을 놓쳐본 적이 없는 이미지였고, '인사이더'에 오래전부터 속해있었다. 반면에 노무현은 학력도 뒤쳐진 아웃사이더 이미지였다. 노무현은 아웃사이더에서 역경을 거쳐 자수성가를 이룬 스토리를 가지고 있었다. 대중 이미지 측면에서 훨씬 유리했다. 노무현은 따뜻해보였고, 이회창은 차가워보였다.

그러면 대중 이미지를 좋게 만들기 위해서는 따뜻한 이미지, 서민적·대중적 이미지, 어려운 환경을 극복한 이미지, 젊고 생기 있는 이미지를 가지면 될까? 이것들이 대중 이미지 향상에 도움이 된다는 건 많이 알려져 있다. 그런데 이런 피상적 설명은 자칫 핵심을 비켜갈 수 있다. 대중은 이미지 중에서도 특히 스토리 콘텐츠에 큰 반응을 하는 것으로 보인다. 일반적으로 좋은 스토리는 역경을 이겨내고 성공을 거두는 스토리인데, 관객들은 여기서 재미와 희열을 느끼고 교훈을 얻는다. 역경이 첨가되면 이미지가 좋아지지만, 대중 이미지에서 그보다 더 중요한 부분은 미래지향적인 '발전'이다. 대중은 단지 과거에 대한 보상을 해주려고 선호하지는 않는다. 현재에 비해서 미래가 달라질 것인지가 더 중요하다. 아무리 과거 어려운 환경을 이겨냈다고 하더라도 과거를 답습하는 이미지라면 좋지 않다. 앞으로의 발전, 혁신, 진보(변화)의 이미지가 유리하다.

사람들은 자신의 선택으로 세상을 바꾸길 원한다. 그 변화가 설령 예측 불가능하더라도, 자신이 거대 서사^{스토리} 변화의 추동력의 일원으로 참여하고 싶어 한다. 그래서 발전적 이미지인가, 정체된 이미지인가가 중요하다. 다만 무작정 새로움만으로는 안 되고 희망적인 메시지가 있어야 한다.

힐러리 클린턴과 이회창은 진부하고 예측 가능해 보였다. 사람들은 어떤 생각을 했을까? '반복되는 이야기' '변화가 없는 이야기'에 자신의 한 표가 어떤 의미가 있는지를 생각했을 것이다. 자신의 한 표가 영향력을 갖길 바란다면 정체보다는 변화를 택할 것이다. 우리나라에서 치러진 역대 대선을 보면, 김대중, 노무현, 이명박, 박근혜, 문재인 대통령까지 모두 경쟁후보에 비해서 역사를 새롭게 변화시키거나 이전에 없었던 것을 가진 이미지의 후보가 당선되었다.

2010년 전국적인 화제와 관심을 모았던 Mnet의 〈슈퍼스타K〉(아마추어 가수들을 시청자 투표를 통해 정식 데뷔시키는 프로그램) 두 번째 시즌에서 어떤 일이 벌어졌는지를 떠올려보자. 최종 1위를 뽑기 전까지 가장 큰 인기를 얻은 가수는 존 박이었다. 미국 교포 출신에 잘생긴 얼굴과 좋은 매너, 그리고 노래 실력도 최상급이었다. 경쟁자들 중 단연 돋보이는 스타성을 가졌고 팬도 가장 많았다. 최종 우승자를 가리기 전까지 '어차피 우승은 존박이다'라는 말이 공공연히 나돌고 있었다.

하지만 또 한명의 실력자 허각이 막판에 급격히 부상했다. 외모는 존 박에 비해 다소 떨어졌지만 단지 노래 실력과 노력하는 모습을 내세워 승부했다. 좋지 않은 가정환경에서 열악한 노동자로 일했다는 배경도 알려졌다. 결국 최종 시청자투표에서 허각은 존 박을 이기고 우승을 차지했다. 가수로서의 이미지, 개인적 이미지에서는 존 박이 허각보다 앞선다. 그런데 대중은 존 박이 우승할 거라는 진부한 스토리를 원하지 않았다. 존 박이 정체된 이미지를 구축했다면, 허각은 의도하지는 않았을지라도 사회·문화·역사를 진일보시키는 발전적 이미지를 구축했다. 대중은 사회를 변화시키고 발전시키는, 줄여서 '변혁'의 이미지를 좋아한다.

사적 이미지와 공적 이미지

이미지는 사람들의 호감을 얻고 인기를 형성하는 데 매우 중요한 역할을 한다. 이미지는 사람들이 알고 있는 대상에 관한 인상impression이다. 우리는 이미지의 중요성을 학창시절부터 파악한다. 학창시절에 다른 아이들에게 인기가 많은 아이는 이미지가 좋은 아이이다. 친화력 있는 성격, 세련된 옷차림, 잘생긴 외모, 똑똑함, 그밖에 말로 표현하기 힘든 여러 가지 요소들이 복합적으로 작용해서 한 개인의 좋은 이미지를 만들며, 사람들은 그가 멋있다고 느끼거나 우러러보고 그와 친해지고 싶어 한다.

시중에는 이미지 관리나 이미지 메이킹에 관한 서적이 꽤 많이 출간되어 있다. 그런데 실용성에 비해서는 많이 판매되지 않는 편이다. 그 이유는 아마도 이미지 관리하는 법을 글로 배우기가 어렵기 때문일 것이다. 이미지 관리를 글로 배우는 일은 연애를 글로 배우는 일보다도 실현시키기 어렵다. 왜냐하면 이미지는 주변 사람들의 상황, 즉 당시 사회나 트렌드와 관련 깊기 때문이다. 그 책들의 주요한 내용은 첫인상의 중요성, 매너 있는 행동, 때와 장소에 맞는 패션, 자신감 키우기 등인데, 차라리 최신 트렌드를 소개하는 매거진을 읽고 활용하는 게 더 나을지 모른다.

이제까지 개인의 이미지 관리에 대한 연구는 그가 직접 만나는 사람들에게 잘 보이기 위한 목적을 가졌다. 마치 우리가 '인기'를 떠올릴 때

학창시절의 인기처럼 주로 직접 대면하는 사람들에 의한 인기를 생각하는 것과 유사하다. 하지만 지금은 인터넷 등 대중매체가 발달한 대중사회이고, 대중에게 비치는 이미지가 중요해졌다.

개인이 직접 만나는 사람들에게 비치는 이미지와 대중에게 비치는 이미지는 성질과 특징에 큰 차이가 있다. 전자를 사적 이미지라 부르고, 후자를 공적 이미지로 부르기로 하자. 한 사람의 사적 이미지와 공적 이미지는 다를 수 있다. 어떤 정치인이 주변 사람이 보기에는 부도덕하고 성격이 나쁘지만, 대중에게는 선하고 정의로운 이미지로 비칠 수 있다.

주변 사람이 알고 있는 한 사람에 대한 이미지가 대중에게 알려지면 공적 이미지도 그에 맞게 변할까? 놀랍게도 그렇지 않은 경우가 많다. 물론 개인의 악행이 발각되며 공적 이미지에 영향을 미치는 경우가 있지만, 주변 사람의 이미지 평가를 듣는다고 해도 대중이 생각하는 이미지가 바뀌지 않는 경우가 많은 것이다. 왜냐하면 우리는 주변 사람을 대하는 경우와 대중을 대하는 경우는 다를 수 있다고 생각하기 때문이다. 자기 가족에게는 매우 인색하면서도 집밖의 불쌍한 사람들에게는 많은 자선을 베푸는 사람이 존재할 수 있는 것처럼, 대중들은 그 두 차원을 별개로 생각할 수 있다.

대개 사람은 '자신에게 어떤 도움을 주는가'로 그의 이미지를 판단한다. 그래서 대중은 한 사람의 주변사람이 뭐라고 하든지 간에 자신과 사회에 주는 영향을 근거로 그의 이미지를 판단하려 한다. 다만 문제는 대중들이 자신에게 비친 그의 이미지가 진짜일거라고 쉽게 믿는다는 점이다. 진짜와 가짜를 판단하기 위해서는 그의 주변 사람이 알고 있는 이미지도 참고해볼 필요가 있다.

물론 사적 이미지가 폭로되면서 공적 이미지가 타격을 입는 경우도 존재한다. 예를 들어 한 아이돌 가수가 학창시절에 소위 '일진'이었고 다른 아이들을 괴롭혔다는 주변인들의 폭로가 있으면 그의 공적 이미지는 매우 나빠질 수 있다. 여기서 관건은 피해자와 피해를 겪은 사건이 분명한가, 그리고 그가 대중에게 줄 수 있는 이득이 얼마나 되는가, 그가 대체불가능한가이다. 만약 피해를 끼친 사건이 명확하지 않고 단지 주변인이 가진 이미지이거나, 그가 대중에게 주는 이득이 대체불가능하다면 사적 이미지에서 기인한 나쁜 소문도 대중에게 작은 영향만을 미치게 된다.

공적 이미지의 특징은 인터넷, 방송, 언론 등 매체를 통해 전달되고 형성된다. 반면에 사적 이미지는 직접 만나서 관찰하거나 입소문을 통해 형성된다. 그래서 공적 이미지는 중간에 매체의 편집이 작용할 여지가 많다. 즉 임의로 만들기가 오히려 더 쉽다. 공적 이미지는 평가자가 불특정 다수이고 매우 많다. 반면 사적 이미지의 평가자는 소수다. 우리는 정치인, 유튜버, 연예인을 직접 만나지 않았지만 그들에 대한 이미지를 갖는다. 그 중간에 매체가 개입되어 있다는 건 흔히 잊어버린다. 인지한다고 해도 편집의 힘을 흔히 잊어버린다.

이제까지 이미지는 사적인 영역과 공적인 영역을 나누지 않고 연구되어 왔고, 그 사이에 경계가 있다는 점도 드러나지 않았다. 그런데 인터넷의 발달로 누구나 가질 수 있는 '1인 브랜드'가 생겨나면서 개인이 사적 이미지와 공적 이미지를 나눠서 관리하고 구축해야할 필요성이 생겨났다. 과거에는 소수 정치인과 연예인만의 전유물이었지만 최근 새롭게 부상한 부분이 SNS와 유튜브 등으로 중요성이 커진 '개인의 공적 이미지'다.

공적 이미지는 사적 이미지를 구축하고 관리하는 방법과는 다른 기술이 요구될 것이다. 명심해야 할 한 가지는 '대중은 변화와 발전의 이미지를 좋아하는 특징이 있다'는 점이다. 그 변화와 발전은 대중과 사회전반에 일으키는 것이다. 물론 개인 유튜브 방송에도 적용된다. 최근 세련된 연예인과 정반대로 보이는 외모와 촌스러운 복장, 도시의 편리성을 거부한 시골의 일상을 보여주는 유튜브 채널이 많은 인기를 얻고 있는데, 기존 사회문화의 변혁을 암시하는 좋은 이미지를 갖는다.

그러면 회사, 단체, 상품 브랜드는 그 자체로 개인이 아니고, 대중을 상대로 하므로 전부 공적 이미지일까? 그렇게 보이기도 하지만, 대중이 쉽게 대면하고 소비할 수 있으므로 (개인이 아니지만) 사적 이미지의 특성도 갖는다. 회사, 단체, 상품 브랜드는 마치 하나의 인격체처럼 행동하고 마치 개인이 주변인을 대하듯 대중을 대할 수 있다.

소비자가 일상에서 자주 소비하고 가까이 접하는 회사는 사적으로 가깝고 좋아하게 만드는 이미지가 필요하다. 그래서 개인이 아닌 회사이지만 '멋있는 친구'와 같은 사적 이미지 전략이 필요하다. '정'이나 '친구' 이미지의 마케팅이 흔히 쓰일 수 있고, 사적 이미지와 공적 이미지가 모두 중요하다.

소비재 브랜드, 즉 사람들소비자이 직접 만나 소비하는 경향이 큰 브랜드일수록 사적 이미지 특성의 비중이 높아진다. 반면 정치 단체는 사적 이미지보다 공적 이미지가 중요하다. 정당은 직접 만나서 개인적 이득을 얻는 게 아니라 매체를 통해 관찰하고 투표하기 때문이다. 소비재 브랜드가 학급의 인기 있는 아이에 가깝다면, 정당은 사회 개혁가에 가까워야 한다. 소비재가 아니라 중공업이나 원자재 분야의 브랜드라면 소비자 개인보다는 사회와 관련을 맺는 것으로 보이므로 사회 변혁적 이미지가 중요해진다. 그래서 이런 회사들의 (대중 상대) 광고에서는 사회를 어떤 방향으로 바꾸는가, 사회에 어떻게 공헌하는가에 대한 어필을 흔히 볼 수 있다.

초코파이는 정情이고 침대는 과학이다

이미지와 관련이 깊고 유사해 보이는 것으로 '컨셉concept'이라는 것이 있다. 컨셉의 일반적 뜻은 '개념'이지만, 개념이라는 말이 '컨셉'의 어감을 잘 표현해주지는 못한다. 컨셉이란 무엇이며 이미지와 어떻게 다르고, 어떤 관계를 가지고 있을까?

한 대상의 이미지는 그 실체^{본질}와 구분되지만, 사람들이 그 구분을 하기는 쉽지 않다. 그래서 자신이 아는 이미지가 실체와 같다고 생각하기 쉽다. 그래서 학자들은 이미지에 대해 비판적인 책을 많이 쓰기도 했는데, 다니엘 부어스틴^{Daniel Boorstin}의 《이미지와 환상^{Image}》이 대표적이다.

반면에 상대적으로 컨셉은 실체와 잘 구분되는 편이다. 이미지가 대상에 대한 종합적인 느낌이라면, 컨셉은 단지 활동과 표현의 개념이다. 그래서 본질과 구분되는 작위성도 잘 보인다. 할로윈 파티에서 어떤 분장을 하느냐는 컨셉이다. 다만 어떤 컨셉의 분장을 하느냐에 따라 그의 이미지가 달라질 수 있다.

다만 컨셉이 실제 모습과 다를 수 있음을 이해하는 일도 어느 정도 경험과 능력이 필요하다. 드라마에서 악역을 맡은 배우는 악역의 컨셉을 가져야 한다. 요즘 우리들은 그 배우의 실제 성격이 나쁜 게 아니라 단지 배역이라는 점을 이해하지만, 과거에 많은 사람들은 악역을 맡은 배우의 실제 성격도 나쁘지 않을까라는 생각을 했고, 실제 그를 만나면 비난하기도 했다. 그래서 악역 전문 배우는 밖에 돌아다니기도 힘들어했다고 한다. 1990년대 후반 베이비복스는 1세대 아이돌 걸그룹 중에서 최초로 '섹시 컨셉'을 시도했다. 지금은 너무나 흔한 컨셉이며 현재와 비교했을 때 섹시함의 수위도 낮지만, 당시에 많은 사람들은 '컨셉'

을 잘 이해하지 못했고, 그 멤버들의 실제 성격이 그런 게 아닌가 생각해 안티까지 생겨났다.

　이미지는 관리한다고 말하지만, 컨셉은 관리하는 것이 아니라 구축하는 것이다. 이미지는 변화가 있지만 장기적이고, 컨셉은 단기적이다. 즉 이미지는 빠르게 바꿀 수 없지만, 컨셉은 마음만 먹으면 단기간에 색다르게 바꿀 수 있다. 이미지는 바꾸고 싶어도 타인들이 동조해주지 않으면 안 된다. 반면에 컨셉은 좀 더 주체적으로 바꿀 수 있다. 그래서 이미지를 만들고 관리하기가 더 어렵다(물론 컨셉도 제대로 구현하려면 고도의 기술이 필요하다).

　이렇게 이미지와 컨셉은 많이 다르고 확실히 구분되지만, 많은 연관성이 있다. 특히 컨셉이 이미지 형성에 큰 영향을 준다. 네이버, 다음, 구글과 같은 포털사이트들은 특정한 기념일마다 메인화면의 로고를 기념일의 컨셉에 맞게 변경한다. 크리스마스에는 눈과 산타, 루돌프 같은 그림으로 장식할 것이고, 3·1절에는 태극기와 만세 운동 같은 그림으로 꾸밀 것이다. 컨셉을 어떻게 구현했느냐에 따라 이미지에 영향을 줄 수 있는데, 특히 큰 영향을 주는 부분은 어떤 날을 기념해서 컨셉을 만들었는가 하는 점이다. 만약 3·1절에 로고의 컨셉을 그에 맞게 바꾸지 않으면 대중에게 비난을 받고 이미지가 나빠질 것이다(그런 포털은 없겠지만). 어떤 포털은 '경찰의 날'에 로고 컨셉을 변경할 수도 있고, 다른 포털은 신경 쓰지 않을 수 있다. 이렇게 컨셉을 '사용하지 않는다'는 사실도 이미지에 영향을 준다. (무無컨셉도 컨셉이라 볼 수 있을까?)

컨셉을 어떻게 구현하느냐, 어떤 컨셉을 구현하느냐, 컨셉을 사용하느냐 안하느냐에 따라 이미지가 큰 영향을 받는다. 할로윈 파티에서 드라큘라나 미이라같은 진부한 분장을 하면 좋지 않은 이미지를 갖게 될 것이고, 색다르고 기발한 분장을 하면 창의적인 사람이라는 좋은 이미지를 갖게 것이다. 이렇게 이미지는 (일련의) 컨셉에서 추출되어 생겨난다. 컨셉이 구체적인 것이라면, 이미지는 좀 더 추상적인 상위 차원으로 추출되어 생겨난다. 아래 그림은 그 구조를 보여준다.

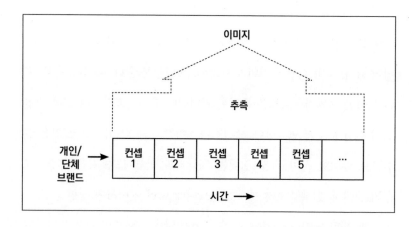

컨셉이 그 자체로 이미지가 되는 것이 아니라, 일련의 컨셉들에서 주변 사람들은 그 사람의 이미지를 '추측'하게 되고 그 사람브랜드의 이미지를 형성하게 된다. 컨셉은 이미지의 '단서'가 된다. 3·1절을 기념하는 포털이 '애국적'이라는 이미지를 낳고, 기발한 분장이 '창의적'이라는 이미지를 낳는다. 만약 무無컨셉도 의도적인 컨셉의 하나로 본다면, 모든 활동은 컨셉이며, 이미지는 전부 컨셉들로부터 창발적으로 생겨날 것이다(예를 들어 3·1절 컨셉을 채용하지 않는 포털은 나쁜 이미지를 낳는다).

여기서 '추측'은 당시 사람들의 상식에 기인한다. 많은 사람들이 가진 상식이 대세가 되지만, 사람마다 지식이 다르므로 개인차가 있을 수 있다. 악역 전문 배우의 이미지가 나빴던 시절에 속사정을 잘 아는 소수의 사람들은 그에게 나쁜 이미지를 갖지 않았다. 즉 한 대상에 대해 대중의 주류가 갖는 이미지와 자신이 개인적으로 갖는 이미지는 다를 수 있다.

사실은 컨셉이지만 컨셉임을 숨기고, 즉 무無컨셉이라 거짓으로 주장하며 좋은 이미지를 만들려는 사람들도 많이 있다. 그에 비하면 컨셉임을 드러내거나 인정하는 태도가 더 솔직하고 칭찬받을 만하다. 다만 한 가지 컨셉만 계속 보여주면 불리하다. 컨셉이 이미지를 가리고 이미지를 추측할 단서가 적기 때문이다. 즉 무無컨셉이 아니라 컨셉임을 강조하면서 한 가지만 보여주면 이미지 형성이 잘 되지 않는다. 그 경우에 '컨셉은 있지만 이미지가 없는 상태'가 된다. 이름을 굳이 밝히진 않겠지만 실제 이런 상태에 놓인 아이돌 그룹이 있는데, 실력과 콘텐츠에 비해 인기가 적다.

개인이든 회사든 브랜드에 궁극적으로 더 중요한 건 컨셉보다 이미지다. 왜냐하면 컨셉은 상대적으로 가변적이고 단기적이라서 신뢰도가 떨어지지만, 이미지는 그 대상과 깊은 관련이 있다고 여겨지고, 보다 강렬한 인상을 남기기 때문이다. 다만 제품의 '광고'를 만들거나 마케팅 포인트를 잡을 때에는 컨셉이 가장 중요하다. 단기 매출을 노리기 때문이다. 하지만 장기적인 이익을 얻기 위해서 제품과 회사의 브랜드 이미지에 신경을 써야 한다. 광고 컨셉은 의도하든 의도하지 않았든 기업과 브랜드의 이미지에 영향을 준다. "침대는 가구가 아니라 과학입니다"라는 컨셉의 광고는 과학적 연구 개발에 노력한다는 이미지를 만들고, 초코파이의 '정情'은 따뜻하고 친근한 이미지를 만든다.

컨셉을 어떻게 활용해야 하는가

컨셉을 통한 이미지 구축과 관리는 일반인의 일상적 개인 이미지에는 적용되기 어려울까? 유튜브나 할로윈 파티에 참여하지 않는 대다수의 일반인들은 컨셉을 활용할 일이 없다고 생각할 수도 있겠지만, 컨셉을 넓게 볼 필요가 있다. 자신의 모습들 중 어떤 부분을 강조하고 보여줄 것인가도 컨셉이다. 수많은 제품 광고 컨셉은 이처럼 제품의 특징 중 한 부분을 강조한다.

우리는 평소 이미지 관리를 위해 자신의 단점을 감추고 장점을 드러내려 한다. 착한 컨셉, 재밌는 컨셉, 귀여운 컨셉, 지적인 컨셉 등은 거짓일수도 있지만 때와 장소에 따라 타인에게 잘 보이기 위해 자신의 일부를 강조한 것일 수 있다. 우리는 평소 '컨셉'인지 몰랐지만 무의식적으로 컨셉을 활용하고 있었던 것이다(너무 고지식한 사람을 제외하고). 다만 컨셉에 너무 신경 쓰면 가식적으로 보일 수 있으니, 무컨셉도 필요하다. '나는 컨셉을 안 만든다'도 때에 따라 좋은 컨셉이 될 수 있다.

시중에 나온 이미지 관리 서적에서 설명하는 장소에 맞는 매너나 패션이 모두 컨셉이다. 주변과 무관하게 단지 자신이 입고 싶은 옷이라면 컨셉이 필요 없지만, 장소와 그곳의 사람들을 신경 써서 좋은 이미지를 만들기 위한 패션은 컨셉이다. 화장도 마찬가지다. 화려한 화장이 필요할 때도 있고, 장례식장에서 화려하고 진한 화장을 하지 않는 것은 컨셉이다. 어떤 코드가 강요된 상황에서는 정해진 컨셉을 따르는게 좋고, 허용된 폭이 넓은 상황에서는 창의적인 컨셉이나 트렌드를 잘 활용한 컨셉이 좋을 것이다(참고로 '코드'는 소통적 관계에서 공유되는 것을 뜻한다).

이미지 관리법에서 설명하는 개인 이미지에 좋은 요인 중에 '자신감'이 있다. 영화 〈아이 필 프리티 I Feel PRETTY〉는 어느 날 머리를 다쳐서 단지 자신감이 생겼다는 이유로 주변인들의 사랑을 받고 직장에서 승승장구하는 여성의 이야기를 그리고 있다. 자신감은 성격과 관련이 크다고 여겨지기도 하지만, 선천적이고 변하기 어려운 성격과는 다르다. 성격이 그대로여도 자신감이 커질 수도 있고 줄어들 수 있는데, 심지어 자의적으로 자신감을 만들어낼 수도 있다. 요즘 회자되는 '근자감', '허세'는 의식적으로 만들어낸 자신감이다. 과도하면 비난받을 수 있지만, 일부러 만든 어느 정도의 자신감은 이미지에 좋은 영향을 준다. 즉, 컨셉으로 자신감도 만들어낼 수 있다. '근자감'이나 '허세'라는 말은 둘 다 근거가 없고 부풀려진 자신감이라는 뜻을 담고 있는데, 이런 어휘에서 보이듯 자신감은 컨셉과 관련이 깊다. 사실, 자신감은 선천적이고 변하기 어려운 성격과 같은 것이 아니라 컨셉이다.

3장
—
어쩐지 인기 있는 이유

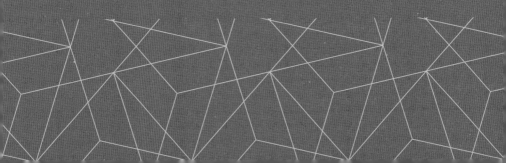

이제는 누구나
예능감을 요구받는다

요즘 뜨는 것에는 '재미'가 있다

유튜브나 SNS에서 단기간에 큰 인기를 얻는 영상은 대개 유머, 노래, 춤 같이 재미있고 자극적인 것들이다. 아무리 유익한 정보와 지식을 전달한다고 해도 재미가 있어야 더 많은 사람이 본다. 즉 어떤 콘텐츠든 간에 '예능 요소'가 들어가면 인기가 상승한다. 예능, 즉 엔터테인먼트는 사람을 즐겁고 편하게 만드는 작용을 한다. 포털 사이트에서 검색만 하면 손쉽게 찾을 수 있는 정보라도 예능 요소만 가미되면 인기 많은 콘텐츠가 된다.

과거에도 잘 웃기고 춤과 노래에 뛰어난 사람은 인기가 많았지만 보통은 협소한 주변 사람들에게 인기가 있을 뿐이었다. 하지만 지금은 그 한계가 없다. 직업 가수나 방송인이 아니더라도 많은 사람에게 관심을 받았다는 사실만으로 다양한 기회가 열린다.

엄밀히 말해서 '예능감'은 노래나 춤 같은 예술적 재주와는 구별된다. 노래나 춤은 높은 기술을 요하는 일종의 전문적 분야다. 그런데 예능을 잘하기 위해서는 뛰어난 기술이 꼭 있어야 하지는 않는다. 오히려 어설 프고 바보 같은 행동이 타인의 관심을 끌고 재미를 낳기도 한다. 그것이 기술이나 기예가 아닌 예능의 특징이다.

예능은 진입 장벽이 높지 않다. 재미를 목적으로 하는 TV 예능 프로 그램에 코미디언보다 가수나 배우가 더 자주 출연하는 이유도 이 때문 이다. 특히 최근 예능은 MBC 〈나 혼자 산다〉나 SBS 〈미운 우리 새끼〉처 럼 일상을 지켜보는 '관찰 예능'이 대세를 이루고 있다. 관찰 예능에도 물론 웃음이 포함되지만 더욱 강조되는 부분은 인간미와 소탈함이다. 사람들은 공감과 소통에서 매력을 느낀다. 멀게만 느껴지던 스타에게 다가가기 쉬워지면 예능이 된다.

예능은 인기가 많지만 가볍기 때문에 진지함과 진중함이 필요한 분 야에는 잘 적용되지 않아왔다. 자칫 품격이나 신뢰도에 악영향을 줄 수 있다는 판단에서였다. 하지만 이는 과거의 이야기다. 점차 다양한 분야 가 예능과 결합하고 있다. 철학이나 역사처럼 딱딱하고 어려운 인문학 이 잡담과 유머를 더해 방송과 책으로 나온다.

정치인과 정치평론가들도 미디어에 출연해 예능감을 발휘한다. 종편

채널에서 인기를 얻고 있는 JTBC 〈썰전〉과 TV조선 〈강적들〉 같은 프로그램을 보라. 개그맨 출신 MC가 분위기를 북돋으며 시사와 예능의 경계를 허물고, 각종 생활정보 프로그램에서 입담을 발휘하던 다양한 분야의 전문가들이 패널로 출연하고 있다. 패널 섭외 기준 1순위는 예능감과 친숙함이다. 전문성은 2순위다.

어딘가 어설픈 정체불명의 가수 마미손

인기를 얻기 위해서는 '매력'이 중요하다. 하지만 매력은 설명하기 어려운 요소다. 매력의 원리를 밝히기가 어려운 큰 이유 중 하나는 '상대성'이다. 한 대상이 갖는 매력은 관찰자마다 다른 경우가 많다. 예를 들어 대머리 남성은 꽤 많은 여성들이 싫어한다고 하지만, 의외로 대머리에 매력을 느끼는 여성들도 많다. 배 나온 남자도 마찬가지다. 남자든 여자든 상대의 터프한 성격에 매력을 느끼는 사람이 있고 안 느끼는 사람이 있다. 하지만 가급적 보편적으로 매력을 일으키는 요소들을 찾아볼 수 있을 것이다. 예를 들어 잘생긴 얼굴, 날씬하거나 어느 정도의 근육질 몸매, 좋은 목소리, 귀여움, 지적임, 유머, 노래 잘 부르기, 춤 잘 추는 능력은 매력을 만든다.

그런데 앞에서 말한 요소들 중 많은 것은 단지 '매력'이 아니라 다른 말로 표현되는 경우가 많다. 예를 들어 "너는 왜 그 애가 좋니?"라고 물었을 때 "잘생겨서"나 "몸매가 좋아서" 혹은 "똑똑해서"라고 대답할 수 있다. 그런데 앞의 사항과는 전혀 관계가 없지만 단지 "매력 있어서"라고 말하게 되는 경우가 있다. 그것이 아마도 매력의 가장 독특하고 전형적인 의미라 할 수 있을 것이다. 그런데 그런 경우를 보면 '재미'를 주는 사람인 경우가 많다.

재미가 유머와 완전히 같은 것은 아니지만 재미의 매력을 가진 사람은 많은 경우 남을 잘 웃긴다. 유머는 매우 큰 신체적 반응을 일으킨다. 잘생긴 사람을 관찰한다고 해서 폭소가 터지지는 않는다. 거의 무표정하게 있을 수 있다. 하지만 유머 있는 사람 옆에 있으면 깔깔대고 '빵 터지는' 일이 발생한다. 숨이 막힐 정도로 웃기도 한다.

타인의 몸에 반응을 일으키는 전략은 물론 웃음에만 해당하지 않는다. 상대방을 흥분시키면, 겉으로 드러나는 행동이 크지 않더라도 속으로 느끼는 흥분은 그에게 '큰 반응'으로 느껴진다. 그러므로 스트레스를 받게 하거나 약간 화나게 하는 것도 매력을 만드는 전략이 될 수 있다. 한 순간 부정적인 느낌이 들더라도 나중에 매력으로 바뀔 수 있다는 것이다.

실제로 재미있는 사람은 유머뿐만 아니라 장난을 많이 친다. 그 장난은 흔히 짓궂다. 놀리기도 하고, 상대방을 약간 화나고 스트레스 받게 만든다. 그런데 신기하게도 당한 사람이 잠시 뒤에 그에게 매력을 느끼게 되는 경우가 많다. 실제로 코미디언들은 청중을 약간 기분 나쁘게 했다가 웃음으로 그 스트레스에서 벗어나게 하는 방식을 흔히 사용한다. 심지어 상대에 대한 무례한 행동도 당한 사람이 기분 나빠하다가 나중에는 매력을 느끼는 경우가 있다. 이렇게 스트레스와 웃음의 오르락내리락 하는 기분 상태가 매력을 일으키기도 한다.

재미와 유머는 개인적 매력의 커다란 부분이기도 하고, 다양한 상품의 인기요소로도 유용하게 활용될 수 있다. 재미와 유머의 인기요소는 요즘 트렌드가 되었다. 2018년에 화제가 된 가수 중에 '마미손'이 있었다. 고무장갑을 연상시키는 복면을 쓴 힙합 가수였는데, 유튜브에 '소년점프' 뮤직비디오를 올린 지 한 달 만에 조회 수 2천만 건을 넘어섰다. 웬만한 한류 가수의 조회 수를 뛰어넘는 수치다. 어찌 보면 유치해보일수 있는 재미를 주고 있는데, 실제로 재미의 인기요소는 유치함과 공존하는 경우가 많다.

얼마 전 세계적으로 유행한 영상이 있다. 일본 코미디언 PIKO TARO의 〈PPAP^{Pen Pineapple Apple Pen}〉 뮤직비디오인데, 이것도 유치함과 재미가 공존하는 경우다. 영상에는 촌스러울 정도로 화려한 옷을 입은 남자가 매우 과장된 표정으로 춤을 추는 모습이 비춰진다. 안무가 무척 단순해서 어린 아이들도 쉽게 따라할 수 있을 것처럼 보인다. 유치함이란 어린이도 즐길 수 있을 정도로 쉽고 단순함을 의미한다. 어려우면 대중성이 떨어지고 인기가 떨어진다. 다만 이것은 알맹이가 아니라 인기요소의 측면임에 유의해야 한다. 그리고 진부해서는 안 된다. 마미손은 '힙합은 멋져야 한다'는 고정관념을 깼고, PIKO TARO는 터프해 보이는 외모와 달리 '방정맞은' 춤을 췄다는 점에서 신선함을 줄 수 있었다.

과거에도 '노라조' 'UV' '오렌지캬라멜' 등 재미와 유머를 특징으로 하는 가수들이 있었는데 작년부터 갑자기 더 주목받는 분위기다. 작년에 남성 그룹 노라조는 약 3년의 공백을 깨면서 그들의 코믹한 컨셉을 이어가는 새 앨범을 발표했다. 그들의 음악성이나 코믹함이 이전보다 높아졌다고 볼 수는 없었지만 화제성이 발전했고 그들은 재기에 성공했다는 평가를 받았다. 과거에 재미있는 컨셉의 가수들은 '뜨기 위한 발악'으로 치부되며 아웃사이더로 머물렀으나 지금은 광고 섭외를 받는 등 인사이더가 되었다.

사람들을 중독시켜라

재미와 관련이 있기도 하면서 매력과 인기를 만드는 하나의 전략으로 '중독성 일으키기'가 있다. 어떤 것에 중독되면 이성적으로 설명할 수는 없지만 끌리고 계속 소비하게 된다. 이 방식은 오래전부터 상업적으로 많이 활용되어왔다. 코미디언들은 중독성 있는 유행어를 만들려고 노력했고, 가요계에서는 '후크'라 해서 중독성 있는 부분을 만들려고 했다. 소녀시대의 노래 〈Oh!〉와 〈훗〉, 티아라의 노래 〈Bo Peep Bo Peep〉이 그 예로 유명하며 이밖에 SS501의 〈U R Man〉 등 역시 높은 중독성으로 인해 대표적인 '수능금지곡^{수능 시험 치를 때 떠올려서는 안 되는 곡}'이라 불린다.

광고업계에서도 처음 봤을 때는 낯설어도 점차 중독될 수 있는 노래와 장면을 흔히 넣는다. 개그맨 서경석이 부른 공무원 시험 준비 광고노래를 떠올려보라. 그 회사는 광고를 중독성 있게 만든 덕에 엄청난 성공을 거뒀다. 아마도 광고 노래^{CM송}를 만드는 주된 목적은 가급적 대중에게 중독성을 일으키기가 최고의 목표일 것이다. 중독성은 몇 번만 들려줘도 그 뒤에 소비자가 알아서 떠올리고 되 뇌이기 때문에 몇 배의 효과가 있기 때문이다. 중독을 잘 일으키기 위해서는 '재미'와 결합되는 것이 좋다. 사람들은 고통스럽거나 지루한 것은 떠올리려 하지 않고 주로 재미있는 것을 스스로 떠올리려하기 때문이다.

중독성 일으키기는 일반인 사이에서도 개인적 인기를 얻는 전략으로 사용할 수 있다. SNS에서, 인터넷 개인 방송에서, 혹은 현실에서 특정한 행동이나 표현을 반복함으로써 중독성을 일으킬 수 있다. BJ철구의 "앙 기모띠"라는 말은 청소년에게 대 유행이 되었고, BJ슈기의 "앙 배불띠" 처럼 파생된 말도 생겨났다. 참고로 BJ철구는 나중에 '아프리카TV 대통령'이라 불리며 유명연예인 급 인기를 얻게 되었는데, 그 유행어의 덕도 어느 정도 있었다(물론 다른 강점도 많았지만). 중독성을 일으키는 특정한 말과 행동은 개인의 트레이드마크처럼 여겨질 수 있다. 그리고 그 인물에 대한 강렬한 인상을 남긴다.

신비주의는
통하지 않는 시대

외국인도 아는 한국어 'aegyo'

예능에는 유머뿐 아니라 다양한 끼가 필요하다. 과거에 연예인 중에서도 가수 김흥국과 노사연, 그룹 NRG의 이성진이나 천명훈, 코요태의 김종민 등은 특출한 예능감으로 예능 프로그램에 자주 출연해 좋은 반응을 얻었다. 코미디언 못지않은 유머 감각을 가진 경우도 많지만, 예능적인 매력이란 다양하다. '솔직함', '털털함'은 리얼 예능 시대에서 좋은 요소이다. 심지어 '음치'를 내세울 수도 있고, '귀여움'이나 '섹시함'을 보여주는 행위를 할 수도 있다. 하지만 서태지와 아이들처럼 그렇게 하지 않아도 정상의 자리에 있거나 '아티스트'임을 자부하는 이들은 예능에 출연하기보다는 신비주의와 카리스마를 앞세웠다.

과거에는 본업에 집중하면서 다른 예능을 보여주지 않는 연예인과 예능에 적극 출연하는 (소수의) 연예인이 구분되어 있었다. 그런데 최근 변화가 일어났다. 인터넷과 스마트폰 기술이 발달하면서 젊은이들은 인터넷 실시간 방송을 통해 스타와 직접 소통하길 좋아한다. 경쟁이 치열해진 연예인들은 관심과 인기를 높이거나 유지시키기 위해 팬들과 종종 인터넷 실시간 소통이 필수가 되었다. 그러한 소통 방송에서 예능감이 좋으면 호감과 인기가 높아지며, 그 자체를 일종의 리얼 예능 방송으로 볼 수도 있다.

예능 컨텐츠가 확산되는 데는 인터넷 스트리밍 방송이 큰 역할을 했다. 2006년 개국한 아프리카TV는 대표적인 개인 방송 채널이었고 그 후 다음팟^{지금은 카카오TV}이나 트위치 같은 곳이 생겨났다. 요즘은 유튜브나 인스타그램에서도 개인이 실시간 생방송을 열 수 있으며 연예인들은 V앱을 주요 창구로 이용하기도 한다. 인터넷방송 플랫폼에서는 출연자의 예능감이 좋거나 예능 중심의 방송이 대체로 시청자 수가 많다. 실시간 방송, 녹화방송을 막론하고 이렇게 다양한 채널로 보내지는 영상들은 일반적으로 다양한 예능 요소가 많이 가미된다.

수년 전부터 온라인뿐만 아니라 TV에서도 많이 볼 수 있는 예능 요소 중에 '애교'가 있다. 애교는 보기에는 즐거워도 하는 사람 입장에서는 부끄럽거나 수치스러울 수 있어서 선뜻하기 어렵고 요구하기도 어렵다. 2013년에는 어느 TV 프로그램에서 사회자가 한 아이돌 가수에게 애교를 요구하자 당사자가 애교를 부리기 싫은 나머지 울음을 터트린 사건도 있었다.

하지만 지금은 과거에 비해 애교 부리기를 꺼려하지 않는 분위기다. 오히려 자발적으로 하고 싶어 하는 경우도 많다. 여성에게만 국한된 현상이 아니다. 애교는 마치 어린 아이처럼 보이는 행위인데, 남자 아기에게도 귀여움을 느끼므로 남자 아이돌도 애교를 부린다. 애교는 아기를 좋아하는 것처럼 사람들을 끌어들일 수 있다. 2019년 5월경 인스타그램에서는 아기 모습으로 얼굴을 바꿔주는 앱을 사용해 자기 사진을 올리는 유행이 있었다. 오히려 일반인들은 부끄러워서 많이 올리지 않았어도 인기가 필요한 연예인들^{셀럽들}에게는 붐이었다.

'아이 같음'은 (나름의 장점이 많은) '성숙함'의 반대이므로 그동안 꺼려져 왔다. 하지만 이제는 성숙함보다도 대중성이 더 중요해졌다. 예능을 위해서는 다른 것을 희생할 수도 있는 것이다. 우리나라가 이 분야에서 앞서간다는 증거는 '애교^{aegyo}'라는 말이 번역되지 않고 전 세계 K팝 팬들이 흔히 쓰는 단어가 되었다는 점이 있다. 유튜브 댓글을 보면 '먹방^{mukbang}'이란 말이 수출된 것처럼 'aegyo'라는 말도 쓰인다. 한류 가수가 외국 콘서트나 해외 행사를 가도 흔히 'aegyo'를 보여 달라고 아우성이다. 외국인들의 눈에도 거기서 매력과 재미를 느끼는 것으로 보인다. 하지만 모두가 알다시피 애교는 때와 장소를 가려서 해야 한다. 다만 최근에 그 한계가 확장된 것으로 보인다.

도도함이 아닌 친근함으로 승부하다

이제 연예계에서 신비주의는 거의 사라졌다. 그룹 빅뱅, 2NE1 등이 소속되어 있던 연예기획사 YG 엔터테인먼트는 얼마 전까지만 해도 신비주의 전략을 많이 사용했고 예능감보다는 실력과 카리스마로 승부해왔다. 하지만 2018년부터는 연예계 분위기 변화에 발맞추기로 전략을 수정하며 블랙핑크, 위너, 아이콘 등이 각자 소통과 예능적인 면에 더욱 힘 쏟기로 했다.

예능감이 현대인의 필수 능력으로 떠오른 것은 인터넷 스트리밍 환경이 좋아졌다는 등의 기술적 변화 때문만은 아니다. 권위의 해체^{대중주의}로 인해 '도도함'보다는 '쉬움'과 '친근함'이 더 효과를 발휘한다는 점에 주목해야 한다. 그리고 이 점은 연예인뿐만 아니라 평범한 사람에게도 중요한 시사점을 남긴다.

모든 사람이 인터넷을 통해 자신을 홍보하고 대중의 인기를 얻을 수 있는 시대에 연예인과 일반인의 경계가 점차 흐려지고 있다. 그 중간에 크리에이터와 스트리머가 있을 것이다. 웃음을 유발하는 예능감도 중요하지만 더욱 중요한 건 소통과 공감이다. 사람들이 접근하기 어려운 도도함보다는 '낮은 자세' 또는 '대중적임'의 친근함이 소통과 공감을 높인다. 거기에 최신 유행, 트렌드를 잘 이해해서 센스 있는 행동을 할 때 소위 말하는 '인싸'^{인사이더}가 될 수 있다.

'센스'란 상황 적응력을 의미한다. 그리고 동시대의 분위기와 깊은 연관을 가진다. 개인의 인기와 이미지가 중요해지는 환경에서 센스는 현대인들이 어떤 분야든지 사회생활에서 성공에 많은 도움을 준다. 전문적인 직무에서 센스가 있다고 말할 수도 있지만, 개인의 인기와 매력을 높이는 센스에는 예능감과 현재 사회에 대한 이해, 상황 판단 능력이 중요하다. 물론 개인적으로 동영상을 찍어서 올리거나 SNS 게시물을 만들 때에도 센스가 매우 중요하다. 특히 대중의 인기를 얻고 싶다면 대중과 소통할 수 있는 센스가 필요하다.

이제는 인사이더가 되고 싶어 하는 젊은이와 어린이들도 예능감을 높이기 위해 노력한다. 물론 예전에도 예능적 기질이 강한 사람은 인기가 많았다. 예나 지금이나 이성도 잘 사귈 수 있다. 그런데 최근에 인싸 열풍은 고전적인 예능인 유머나 장기의 계발을 넘어서는 폭넓은 예능감의 향상을 목표로 한다. 그리고 그 핵심은 재미, 귀여움, 섹시함, 공감, 소통, 그밖에 다양한 방식의 '관심 유발'이다. 비록 '알맹이'가 아닌 '껍데기'이지만, 현대에 성공하기 위해서는 이런 식으로라도 빠르게 인기를 높일 필요가 있다.

약한 척도 때로는
도움이 된다

눈물 셀카를 올리는 심리

SNS에서는 일부러 우울함과 슬픔을 표현하는 게시물이 종종 발견된다. 때로는 자해를 암시하는 경우도 있다. 과거 '미니홈피' 시절에 유행했던 '눈물 셀카'도 이런 맥락을 공유한다. 당시 가수 채연을 비롯한 연예인들도 많이 올렸다. 사실 자신의 슬픔과 우울함, 고통을 보여주면 인기를 얻는 데 도움이 된다. 적어도 주목과 관심을 받는다. 주목과 관심은 인기를 갈망하는 사람이라면 매우 바라는 것이다.

앞서 애교가 아기처럼 보이면서 귀여움과 관심을 유발함을 설명했다. 다만 성숙하지 못한 행동이라는 단점을 감수해야 한다. 자신의 슬픔과 힘듦을 호소하는 방식도 타인의 관심을 유발한다. 다만 '약해 보이는' 단점을 감수해야 한다. 그런데도 SNS 상에서 평소에 강해보이는 사람들도 종종 삶에 회의를 느끼는 글이나 슬픔을 호소하는 글, 심지어 자해를 암시하는 글을 올린다.

2018년 최고의 베스트셀러는 《죽고 싶지만 떡볶이는 먹고 싶어》였다. 자살을 의미하는 어두운 분위기의 제목이 어떻게 장기간 베스트셀러 1위에 오를 수 있었을까? 과거였으면 이런 제목의 책을 다른 사람이 볼까봐 숨기고 다녔을 법하다. 하지만 이제는 사진을 찍어서 SNS에 올린다. 이제 사람들은 자신의 약함도 마음껏 드러낼 수 있다. 약함은 오히려 타인의 관심을 끄는 작용을 한다. 애교가 흉내 내는 아기 역시 연약하다.

그 원리는 다음과 같다. 인기를 얻는 방식 중 한 가지에는 '보살핌받기'와 '도움받기'가 있다. 인기는 애정이다. 도와주고 싶은 마음은 받는 입장에서 애정과 인기가 생기는 효과와 같다. 이제 사람들은 자존심을 버리면서까지 동정심을 유발시킬 수 있다. 인간은 공감 능력과 동정심이 있어서 불쌍한 사람을 보면 주목하고 관심을 가지게 된다. 그러니 이런 관심을 받으려면 스스로 약함을 보여주는 게 오히려 좋다. 반면에 우월함과 강함을 보여주면 부러움 등 다른 방식의 관심을 얻을 수는 있어도, 이런 종류의 관심을 전혀 얻지 못한다.

물론 SNS에 우울한 모습을 올렸다고 해서 전부 '이익을 얻기 위해 의도적으로 꾸몄다'고 할 수는 없다. 실제로 현대 사회에는 마음의 짐을

진 사람이 많다. 하지만 과거에는 약해보이기 때문에 되도록 숨겼다면 요즘에는 그것이 오히려 인기와 관심에 도움이 되면서 실제로 우울하지 않은 사람까지도 이를 이용한다.

촌스럽게 생긴 명품… '어글리 패션'

불쌍함이라는 코드는 다양한 분야에서 응용된다. 트렌드에 가장 민감한 패션 분야도 이 요인을 놓치지 않는다. 2018년 패션 업계에서는 '어글리 패션'이 주목받았다. 완벽하거나 세련됨과 정반대로 촌스럽고 옷을 잘못 입은 것 같은 패션이다.

이는 원래 해외의 하이패션^{고급 브랜드 디자이너가 추구하는 앞서가는 패션}에서부터 시작되었다. 우리나라에서도 일반인이 보기에는 정말 '못 생겨' 보이는 신발인 어글리 슈즈, 셔츠를 통이 넓은 바지 속에 넣은 채 올려 입는 '배 바지' 스타일, 셔츠 단추를 엇갈려서 잘못 채운 듯이 보이는 코디 등이 유행했다.

시장에서 구제 옷을 닥치는 대로 주워 입은 것 같은 촌스러움과 부조화 그 자체에서 멋이 나올 수 있을까? '멋'이라는 느낌은 주변 상황에 근거한 판단일 수 있다. 그 자체가 멋있지는 않은데 이상하게도 멋있어 보인다면, 그 원인을 다각도로 분석해 볼 필요가 있다. '옷을 잘못입음', '촌스러움'에서 나오는 장점은 미숙한 정신, 안쓰럽고 안타까운 모습의 표현이 타인의 관심을 끌 수 있다는 점이다. 이것은 의상 자체의 멋을 초월한 장점이자, 관심을 유발시키는 '새로운 멋'이다. 예를 들어 사람들은 지퍼가 열린 사람, 단추를 잘못 채운 사람을 보면 안타까워하면서 챙겨주고 싶은 마음이 드는데, 그 마음이 관심과 애정이 될 수 있다.

만약 고가를 지불한 명품들로 그렇게 촌스러운 모습을 한다면 더욱 안쓰럽고 불쌍해 보일 것이다. 그래서 비싼 명품 브랜드^{하이패션}들이 어글리 패션을 더 적극적으로 활용할 수 있다. 특히 '구찌'와 '발렌시아가'는 적극적으로 뛰어들어 큰 성공을 거뒀다.

어글리 패션은 불쌍해 보이기도 하고 바보같이 보이기도 한다. 그런데 '바보'는 인기를 얻는데 도움이 된다. 영구나 맹구, 아니면 영화 〈덤 앤 더머^{Dumb and Dumber}〉의 캐릭터처럼 전통적으로 코미디와 예능에서 '바보'는 웃음과 재미를 줬다. 즉, 불쌍함뿐 아니라 재미의 요소도 가미된다. 촌스럽고 바보 같음의 표현은 과거였으면 자해와도 같다. 하지만 '인기'의 시대에는 그것도 감안할 수 있다.

관심과 인기를 얻기 위한 '도움받기', '챙김받기' 방식은 귀여움^{애교}, 약해보이기, 불쌍해 보이기, 모성애와 부성애 유발시키기 등으로 나타난다. 꽤 오래전부터 트렌드가 된 '키덜트' 문화도 이와 관련이 있다. 키덜트 문화가 생기기 전에는 어른이 장난감을 가지고 노는 걸 매우 안좋게 봤다. 그때도 장난감을 좋아하는 성인이 있었겠지만 숨어들었다. 하지만 이제는 당당하게 내놓고 자랑도 한다. 마블사의 영화 〈어벤져스

^{Avengers}〉 시리즈는 원래 아동용 만화에서 비롯되었다. 극장에서 1편이 개봉되었을 당시만 해도 유치해서 안 본다는 성인들이 (특히 고학력자 중에) 많았지만, 2019년 마지막 편에 이르러서는 고학력 성인들의 관람이 트렌드가 되었다. 미키마우스와 곰돌이 푸가 프린트된 옷과 서적도 이미 트렌드가 되었다. 과거에는 유치함이 커다란 단점이었지만, 이제는 유치함이란 자체가 거의 무의미해졌다. 아이 같음이 무기이자 장점이 되기 때문이다.

어그로와
관심종자의 전략

싸움을 걸면 이목이 모인다

관심을 얻기 위해 최근에 많이 보이는 또 다른 방식으로 '어그로'가 있다. 흔히 '어그로를 끈다'라고 활용되는 이 표현은 영어 단어 'aggro^{분쟁}'에서 유래했다. 전형적인 방식은 특정인 또는 특정 집단에게 시비를 걸면서 분쟁을 일으키고 사람들의 주목과 관심을 끄는 것이다.

그런데 이 중심적 의미가 점차 확대되면서 관심을 얻기 위한 특이한 의도적 행동을 '어그로'라고 포괄적으로 부르기도 한다. 여기서 특정인을 공격하는 진짜 목적은 비판이라기보다는 관심과 궁극적으로 인기이다. 물론 뒷감당이 어려워질 수 있어서 위험성이 크지만 인기에 대한 욕구가 커진 시대에 처절한 최후의 방식으로 사용되고 있으며, 점차 늘어나고 있다. 인기를 끌고 있는 유명 격투기 선수에 대한 험담과 시비를 걸면서 주목을 끄는 선수가 있는가 하면, 유명한 요식업계 인물에 대한 도발적 비판으로 주목을 받는 음식칼럼니스트도 있다. 하지만 악플 증가 등 실제 역효과가 얼마나 클지는 예측하기 어렵다.

사실 어그로는 오래전부터 '노이즈 마케팅'이라는 말로 쓰여 온 전략과 다를 바 없다. 노이즈 마케팅은 오래전부터 사람들의 이목을 집중시키고 홍보를 극대화하기 위한 도박과도 같은 전략이었다. 예를 들어 영화, 특히 주로 공포영화의 촬영장이나 음반 작업을 할 때 귀신이 출몰했다거나, 사회적 논란을 불러일으킬 수 있는 도발을 일으키는 방식이 있다. 다만 과거 노이즈마케팅이 회사 차원에서 프로젝트 단위로 이루어졌다면, 1인 미디어시대, 개인 브랜드 시대에는 자기 이름을 알리고 자신을 봐주길 바라는 목적이 있다.

1인 브랜드의 어그로와 노이즈 마케팅은 특정인이나 단체를 비판하면서 걸고넘어지는 방법도 있지만, 더 흔한 방식은 불법과 폭력성, 선정성의 아슬아슬한 경계를 타면서 자극성을 극대화하는 방식이다. 1인 미디어가 탄생한 초창기부터 이러한 사람들이 주목받고 인기를 얻어왔다. 이름을 밝히지는 않겠지만 몇몇 스트리머들은 지하철에서 소란 피우기, 장난전화 걸기, 압정으로 자기 몸 찌르기, 소변, 대변 먹기 등 자극적이고 선정적인 방송으로 인기를 모았다. 사회 규범에 대한 도전이란 점에서 축구경기 중에 갑자기 운동장에 난입해서 자기를 알리려는 사람과 다를 바 없다.

그런데 1인 미디어가 보편화되면서 오히려 이들은 여론과 플랫폼의 뭇매를 맞고 방송 정지를 당하는 일이 많아졌고, 플랫폼 사이를 떠돌아다니면서 간간히 방송을 한다. 주목도를 높이려는 노이즈 마케팅은 사회적 도덕과 아슬아슬한 관계에 있다. 그 균형이 깨지면 인기가 오히려 떨어진다. 앞에서 말했듯이 도덕성도 인기의 한 요인이기 때문이다.

편 가르기는 왜 주목받을까?

타인을 공격하는 방식의 어그로는 그와 대척점을 강조하기 위해 대개 자신의 '선명한 색깔'을 강조하게 된다. 그러한 어그로가 많아지면 사회는 점차 극단적인 대립 상태로 흐를 것이다. 최근 국내에서 화제가 된 페미니즘 논쟁에서도 극단화가 일어나고 있다. 인기를 끌기 위한 일부가 논란을 증폭시킨 측면도 있다. 인터넷의 익명 아이디로도 흔히 어그로를 끄는데, 자신의 존재감과 영향력에 대한 갈망으로 오히려 현실보다 더욱 과감해지고 극단적이 된다. 극단적 페미니즘과 반페미니즘 성향 게시판 사이트들에서 페미니즘 논란이 촉발되거나 과열되었다.

유튜브에서는 몇몇 크리에이터들이 페미니즘 또는 반페미니즘의 선명한 색깔을 보이면서 시청자 수를 늘리고 직접적인 기부금도 많이 받고 있다. 정치적 입장도 마찬가지다. 편 가르기와 선과 악의 단순한 이

분법, 극단적인 성향은 주목도를 높이고 지지자들에게 대리만족을 준다. 이 전략은 통합을 통한 폭넓은 인기보다는 정치권에서도 종종 사용되는 '집토끼를 거둬들이기 전략'이다.

심리학적으로, 시각적으로도 사람들은 선명한 것을 더 쉽게 인지한다. 그리고 사람들은 선명함을 좋아하면서 흔히 흑백논리에 빠진다. 선명함 또는 흑백논리는 결집시키는 역할도 한다. 얼마 전부터 세계 곳곳에서 포퓰리즘 정치 세력이 인기를 얻고 있는데, 많은 경우에 선명하고 극단적인 입장을 취하면서 다른 집단을 공격한다. 비극적인 사례로 2차 세계대전 즈음 나치도 인기와 지지를 모으기 위해 유대인 등 다른 집단을 공격하는 전략을 취했다. 이러한 좋지 않은 사례가 있기는 하지만, 선명성과 편 가르기 전략이 모두 나쁘다고 할 수는 없다. 좋게 말하면 소속감과 유대감을 증진시켜서 인기를 얻는 방식이다. 연고지 스포츠 구단의 열성 응원단일 수도 있다. 어떤 편 가르기가 정말로 나쁜지는 상황과 내용 측면을 검토할 필요가 있다.

조회 수와 순위 차트…
숫자가 불러낸 지옥

군중 속의 고독

'연예인 걱정은 쓸데없는 짓'이라는 말이 있다. 사람들은 종종 연예인이 호소하는 불행과 고통을 마치 자기 일처럼 걱정하기도 하는데, 사실 연예인이 가진 인기와 사회적 지위가 주는 이득이 매우 크기 때문에, 즉 행복감이 크기 때문에 보통 사람이 겪는 고통에 비하면 별 것 아니라는 의미로 보인다. 많은 사람이 이 말에 동감하고 나도 대체로 그렇다.

하지만 '잘나가는' 일부 연예인을 제외하고, 연예계 업종에 종사하는 사람들은 인기를 갈망하면서 발생하는 부작용을 겪게 되는 경우가 많다. 이 문제는 연예인뿐만 아니라, 연예인 지망생, 유튜버, 작가, 디자이너, 심지어 마케터나 벤처기업가, 발명가, 프리랜서, 자영업자에게도 나타나기 쉽다. 이들의 공통점은 많은 사람들의 선택, 즉 '인기'를 갈망한 다는 점이다.

반면 인기에 크게 좌우되지 않는 공무원이나 해고가 어려운 회사의 정규직 노동자처럼 자신의 지위가 안정되어 있고 미래 예측이 쉬운 직업을 가진 사람은 상대적으로 '이 병'에 적게 걸린다. 이 병은 인기에 대한 갈망 또는 인기와 관련된 직업에서 생기기 쉬운 '불안증'이다. 그런데 앞서 보았던 것처럼 최근에는 평범한 사람들조차 인기에 대한 욕구를 크게 느끼고, 그에 따라 불안 심리가 더욱 확대되었다. 이제 이 불안증은 일부 연예인만의 문제가 아니라 많은 현대인이 겪고 있는, 점차 커지고 있는 중요하고 심각한 문제다.

현대 사회는 물질적으로 풍요로워졌지만 정신건강만 놓고 보면 그렇지 않다. 과거보다 각종 질환이 더 빈번하게 발생하고 있다. 현대에 늘어나고 있는 대표적 정신 질환으로는 불안증, 우울증, 강박증, 공황장애가 있는데 핵심적인 공통 사항은 '불안'이다. 불안에서 시작해서 정신적인 혼란과 고통을 겪고 우울해지고 각종 증상으로 변이되는 경우가 많다.

똑같은 연예인이라도 '인기'를 위주로 일하는 사람이 이러한 고통을 겪을 가능성이 더욱 크다. 모든 연예인은 인기를 갈망하지만, 누군가는 단지 실력에 의해 평가받으려 하고 누군가는 실력에 상관없이 반짝 인기나 대박을 바라기도 한다. 후자의 경우에 불안이 더 크다. 직종끼리 비교하자면 가수나 연기자보다 상대적으로 개그맨, MC가 인기에 의존적인 경향이 약간 더 크다. 즉 '예능'이 중요한 직군일수록 불안이 늘어난다.

나는 어떤 방송에서 유명한 여성 개그맨이 "개그맨들은 알고 보면 모두 고독하다"라고 말했던 것이 기억에 남는다. 그런데 개그맨들은 겉보기에 고독하지 않다. 연예인 직군 중에서도 가장 외향적이고 쾌활한 성격을 가졌으며 대인관계도 가장 활발한 편이다. (반면에 가수, 특히 연기자 중에는 내성적인 사람도 많다.) 아마 이 여성 개그맨이 말한 개그맨의 고독이란 아마도 내면의 고민과 고통, 즉 불안과 스트레스를 의미할 것이다.

외향적 성격을 가졌다는 것은 불안과 우울을 상쇄시키는 작용을 한다. 그런데도 사라지지 않는 불안이 있다면 이는 짜증과 스트레스를 유발하면서 점차 '우울'로 바뀐다. 연예인들이 공황장애를 흔히 앓는다는 사실은 많이 알려져 있다. 심지어 최고의 커리어를 쌓고 있는 개그맨 출신 MC도 공황장애가 있다고 고백한다. 공황장애는 갑자기 자신을 제어할 수 없을 것 같다거나, 좋지 않은 큰일이 날 것만 같은 극심한 불안이 일어나 패닉 상태가 되는 증상을 보인다. 즉 불안증의 일종으로 불안이 원인이다.

심리학자 미치 프린스틴Mitch Prinstein은 그의 저서 《모두가 인기를 원한다Popular》에서 셀러브리티유명인사들이 흔히 정신적인 불행을 안고 있다고 말한다. 이런 현상은 이제 연예인들만의 문제가 아니다. '인싸'를 꿈꾸면서 '모든 사람의 예능인화'가 되고 있는 시점에 불안증과 우울증, 공황장애가 점점 많은 사람들에게서 나타나고 있다. 우울과 불안을 다룬 책이 최근 속속 베스트셀러가 되고 있다는 점도 의미심장하다.

내가 통제할 수 없는 것

철학자 한병철은 《피로사회》에서 현대에 성과 중심과 경쟁 심화, 뭐든지 할 수 있을 것이라는 긍정의 과잉이 현대인의 피로와 스트레스, 우울을 낳는다고 말한다. 그런데 '어떤 성취'를 이루고 싶을 때 그런 증상이 심해지는지는 구체적으로 말하지 않았다. 흔히 돈이라 생각할 것이고 권력이나 명예라 생각할 수도 있다. 그런데 그것들은 오래전부터 있었다. 현대에 부상해서 돈·권력·명예를 좌우하는 가장 큰 요인은 인기다. 그리고 인기의 특징이 불안과 우울, 피로를 유발시키는 작용을 많이 한다.

인기의 구조적 특징은 불안정하고 불확실하며 예측이 어렵다는 점이다. 인기는 공부를 한 만큼 성적이 나오는 시험과 다르다. 시험 성적은 자신의 실력과 공부한 양으로 인해 어느 정도 예측이 가능하다. 그래서 시험 성적을 올리기 위해서 어떤 노력을 해야 하는지를 알 수 있고, 자신의 능력이 대강 어느 정도인지, 포기할 것인지 아니면 노력을 해서 성과를 이룰 것인지 등 계획을 세우기가 용이하다.

반면에 타인의 호감을 사는 일은 불확실하고 예측하기가 어렵다. 타인의 마음은 내가 잘 알 수 없고, 예측불가능하게 변할 수 있다. 타인의 감정과 자유의지를 내가 통제하거나 예측하기는 어렵다. 그나마 한 사람이라면 그 사람을 잘 연구해서 확률 높은 계획을 세울 수 있겠지만, 인기는 단지 한 두 사람에게 얻는다기보다는 매우 많은 사람들의 호감이다. 누군지도 모르는 불특정 다수에게서 얻는 것이 인기고 더 많은 사람들의 호감을 얻을수록 인기가 높아진다.

불안은 일반적으로 예측 불가능성, 통제 불가능성에서 생긴다. 자신이 어떤 행동을 했을 때 결과가 어떻게 나올지를 예측할 수 있고, 실제 대체로 그렇게 된다면 불안은 발생하지 않는다. 인기는 너무나 예측이 어렵다. 기대에 비해 실패할 확률이 크고, 예상치 못했는데 성공하기도 한다. 개그맨 조세호는 한 예능에서 선배 연예인인 김흥국의 도움으로 '프로불참러'라는 별명이 생기는 계기가 만들어졌고, 그로 인해 한동안 큰 인기를 얻었다. 그것은 그가 계획했거나 기대를 통해 얻은 결과라기보다는 거의 우연에 가까운 일이었다.

한편으로 엄청난 노력과 투자를 하고 성공을 확신해도 기대에 못 미치는 결과를 얻는 경우가 비일비재하다. 이처럼 인기는 공부, 시험과 달리 어떤 노력^{input}이 미래에 어떤 결과^{output}를 만드는지가 확실치 않다. 변수가 너무 많고 시시각각 변한다. 그래서 인기를 얻고자 하는 사람들이 어떤 노력을 하고 있을 때도, '이 노력이 과연 얼마나 효과가 있을까'

라는 불안을 가지게 된다. 그리고 효과가 높은 방안을 찾기 위해 끊임없이 탐색하고 방황한다.

그런데 인기가 만들어지는 '메커니즘'은 베일에 싸여있기 때문에 인기를 목표로 하고 원하게 되면 어떠한 노력을 하더라도 미래가 '깜깜하게' 느껴진다. 즉 인기의 메커니즘은 알 수 없는 블랙박스고 미래도 '블랙'이다. 인기를 추구하는 사람들은 그러한 어두움을 안고 있다.

이렇게 불안하고 미래가 깜깜할 때 사람들은 두 종류의 유혹을 받는다. 하나는 미래에 대한 불안을 잊기 위해 현재를 즐기는 일탈적 쾌락을 선택하는 일이고, 다른 하나는 종교나 점과 같은 신비주의에 빠지는 일이다. 연예인들이 술, 도박, 마약에 빠지는 일은 매우 잦다. 종교와 신비주의에 심취하기도 한다. 연예인뿐만 아니라 많은 젊은이가 최근 종교나 점에 끌리고는 한다. 최근 신비주의가 번성하는 현상은 인기를 원하는 사람들이 많아지는 경향과도 관련이 있다.

정신과 의사와 심리학자들은 현대에 늘어나고 있는 불안증에 대한 조언으로 '쓸데없는 집착을 버려라' '남과 너무 비교하지 마라' '욕망을 위해 자신을 너무 몰아붙이지 마라'는 말을 한다. 요약하면 집착과 욕구를 가급적 줄이라는 조언이다. 이처럼 인기를 갈망하는 사람들이 불안에서 벗어나는 가장 단순한 방법은 인기에 대한 욕구와 집착을 버리면 된다.

하지만 인기에 대한 욕망을 포기할 수 있을까? 인기욕은 사회적으로 부도덕한 것이 아니며 인기는 인생을 결정하는 아주 중요한 요소가 되었다. 나는 인기욕을 나쁘게 보지도, 줄이거나 버려야 한다고 보지도 않는다. 다만 '집착'은 대체로 좋지 않은데, 만약 욕구와 기대가 결국 이루어진다면 그것은 집착이 아니다. 이루어지지 않거나 무의미한 욕구를 강하게 가지면, 할 필요가 없는 일을 계속하는 것처럼 집착이 된다.

인기욕이 집착이 되기 쉬운 이유는 우리가 '인기를 얻는 방법'을 너무나 모르기 때문이다. 나도 모르는 채 사실은 절대 성공할 수 없는 방식으로 노력하고 기대하기 때문이다. 시험공부처럼 성공에 이르는 메커니즘이 알려져 있다면 혼란은 훨씬 적을 것이다. 즉 인기를 얻기 위해서 무엇을 해야 하는지를 아는 것이 중요하다. 그것을 대강이라도 알게 되면, 방황과 집착, 시행착오는 줄어들게 될 것이다. '안정감'은 정신건강에서 매우 중요하다. 인기를 이미 가진 사람들이라도 자신의 인기가 왜 그렇게 갑자기 변동하는지, 인기란 대체 무엇인지에 대한 개념이 없으면 정신적 안정감이 없다. 이렇게 '인기의 실체에 대해 아는 것'은 현대인들의 정신건강에 기여할 수 있다.

순위 차트가 불러오는 피로

회사들은 같은 업종의 다른 회사가 더 많이 팔게 되면 자연스럽게 매출이 줄어들게 되고, 따라서 경쟁관계에 있게 된다. 한 제품군의 시장이 무한히 클 수가 없기 때문이다. 가요 프로그램이나 음원 순위에서도 1위를 차지하기 위한 경쟁이 있다.

경쟁은 한정된 지위를 차지하기 위한 싸움이고, 일반적으로 '상대평가'에서 비롯된다. 상대평가는 순위, 서열이다. 1등 혹은 상대방보다 더 높은 지위를 차지하기 위한 경쟁은 무한대의 노력이 동원될 수 있고, 피로도가 커지게 된다. 그리고 경쟁자를 '적'처럼 보게 된다. 우리가 경쟁을 떠올릴 때 생기는 부정적인 감정은 그 피로감과 경쟁관계의 냉혹함에서 기인한다.

대학입시, 승진경쟁 뿐 아니라 투표로 이뤄지는 '선거'는 전형적인 경쟁이다. 당선되는 사람은 단 한사람이고 나머지는 대체로 아무것도 얻지 못한다. 입후보자들은 선거운동 기간에 경쟁 후보에 대한 비판과 타격 입히기 전략을 아주 많이 사용한다. 상대방의 인기^{표}가 떨어질수록 자연스럽게 자신이 당선될 확률이 커지기 때문이다.

그런데 인기(인기란 다수의 호의적 선택이다)와 관련된 영역에서 선거를 제외하고 대부분은 전형적 경쟁이 아니다. 인기의 분야에서 순위를 매기거나 서열이 중요한 것들은 찾아보면 많지 않다. 순위와 서열은 권력이나 권위, 입시, 입사와 관련이 깊지, 사실 인기와는 관련이 적다. 선거나 입시 이외에 전형적인 경쟁은 예를 들어 스포츠 선수^{구단} 랭킹, 콩쿠르, 시상식^{작품상}^{등}, 승진심사 같은 것들이다. 그것들의 순위는 인기로 결정되지 않는다. 전문가들의 심사나 스포츠경기처럼 엄격한 룰에 의해

결정된다.

한정된 자리나 한정된 파이가 있어야만 전형적 경쟁이 발생하는데, 인기의 파이는 한정되어 있지 않다. 인기는 기술 개발, 창조적 생산 등으로 새롭게 '창출'될 수 있다. 즉 파이는 더 커질 수 있다. 그런데 인기를 창출해내지 못한 회사나 개인은 자연스럽게 '도태'된다. 도태는 경쟁에서 밀렸다기보다는 적응을 못해서 인기를 못 끌었다고 볼 수 있다. 마치 자연환경의 변화에 적응하지 못한 생물종이 사라지는 과정과도 같다. 예를 들어 디지털카메라가 나오기 전 필름카메라에서 높은 점유율을 가진 회사가 디지털로 전환하지 않고 계속 필름카메라만 만들면 도태된다. 경쟁에서 밀렸다고 표현할 수도 있지만, 단지 인기가 떨어졌다고 볼 수 있다. 즉 경쟁자에게 패배한 게 아니라, 환경니즈, needs에 패배했다.

인기가 단지 경쟁이 아니라는 점은 우리들이 타인의 SNS에 '좋아요'를 누르는 걸 보면 알 수 있다. 만약 인기가 경쟁이라면, 우리는 타인의 게시물에 '좋아요'를 그렇게 많이 누를 리가 없다. 타인의 인기가 올라갈수록 자신의 인기는 내려갈 것이기 때문이다. 하지만 인기는 상대적 서열이 아니기 때문에 우리는 타인의 게시물에 '좋아요'를 많이 누르고, 타인을 좋아하고 응원해준다. 다시 말해, 우리들은 모두 자신이 인기가 많기를 바라면서도 타인을 좋아해주는 일은 마음 놓고 많이 한다. 인기가 상대적 서열이 아니라는 증거이다. 높은 순위를 목표로 하는 프로스포츠에서 한 구단의 팬들은 다른 구단의 팬과 대립관계에 있고 흔히 분쟁이 일어난다. 하지만 인기를 목표로 하는 연예인의 팬들은 다른 연예인의 팬과 분쟁이 잘 일어나지 않는다.

이러한 인기의 특성은 '돈'과 유사하다. 돈은 단지 많은 양을 바랄 뿐, 다른 사람들과의 부의 상대적 순위가 중요하지는 않다. 경제 잡지에서 '한국에서 가장 돈이 많은 사람'으로 평가^{순위 매김}되었다고 해서 그의 돈이 더 늘어나지도 않고 특별한 이득이 생기지도 않는다. 부의 '순위'가 무의미한 것처럼 인기의 순위도 무의미하다. 인기로 서열이나 순위를 매길 필요가 없다는 뜻이다. 다만 돈처럼 더 많은 양을 바랄 뿐이다.

현대는 권위가 해체되고 인기가 중요해지는 시대인데, 과거 권위의 시대가 오히려 경쟁이 더 심했다. 왜냐하면 권위는 '서열'을 만드는 걸 목적으로 하기 때문이다. 시상식의 권위, 스포츠랭킹의 권위, 정치권력의 권위, 명문대의 권위, 전문가와 비전문가 등, 권위는 모두 사람을 위아래로 나누는 기능을 한다. 권위는 상대적 서열이 생길 수 밖에 없으므로 경쟁이 필연적으로 일어난다. 인기의 영역에서 경쟁이 전혀 없다는 말은 아니다. 다만 권위를 얻기 위한 경쟁이 '진짜 경쟁', '강한 경쟁'이라면, 인기의 경쟁은 '약한 경쟁'일 것이다. 기본적으로 인기는 순위를 매길 필요가 없다.

그런데 간혹 인기에 순위를 매기는 경우가 있고, 그 순위에 집착하는 경우가 있다. '가요 인기 순위'가 대표적이다. 이에 대한 문제점을 살펴보자. 근본적으로 그것이 '인기순위'인지, '권위'인지가 모호하다. 다양한 가요순위프로그램마다 순위 선정 방식이 다르고 복잡한데, 해당 기관^{전문가}이 정한 세부 산정 비율에 따라 순위가 달라진다. 간혹 전문가의 평가가 포함되기도 한다. 그래서 가요순위프로그램은 순전히 인기도 아니고 권위도 아닌 애매모호한 상태가 된다. 그렇게 인기와 권위 사이에서 혼동을 일으키면서 1위 수상자에게 '기념품'인지 '트로피'인지 애매한 것을 준다. 엄밀히 말해 단지 인기 순위라면 '트로피'라고 해서는 안 된다. 기념품이 적당하다.

한때 우리나라에서 인기에 순위를 매기는 것이 의미가 없다고 해서 순위 제도를 폐지한 적이 있었다. 나중에 다시 부활했는데, 인기와 권위가 혼동을 일으켜서 아직도 논란이 있다. 사람들이 그걸 권위라고 생각하면, 1위를 한 음악에 '없어도 될' 쏠림 현상이 나타난다. 권위는 사람들이 주목하고 신뢰함으로써 인기를 늘리는 작용을 하기 때문이다. 근본적 문제는 '공식 순위'라는 특성 때문에 필연적으로 어떤 권위가 생긴다는 점이다. 미국의 빌보드^{Billboard} 차트는 단지 판매량을 기준으로 순위를 매기고, 트로피가 아닌 기념품을 주지만 거기서도 권위가 발생한다. 온라인 음원차트도 빌보드보다는 낮지만 약간의 권위가 있다. 순위제도를 완전히 없애기도 어렵고, 있으면 문제가 발생하는 딜레마가 있다. 아무리 인기만으로 평가해도 순위는 '명예'와 '권위'의 효과를 낳고, 1위가 되고 싶어 하는 가수들은 알고 보면 그것을 바란다고 볼 수 있다.

가수들은 연말 시상식에서 상을 받기를 간절히 바라는데, 이는 마치 연기자들이 영화제에서 상을 받길 원하는 것과 같다. 레오나르도 디카프리오^{Leonardo Dicaprio}는 이미 최고의 인기배우였지만, 아카데미상을 받기를 간절히 바랐고, 수차례 낙방한 끝에 결국 남우주연상을 거머쥐었다. 인기와 서열상의 우위는 다르다. 후자에게는 단지 인기에서 얻을 수 없는 명예와 권위를 얻을 수 있다. 그리고 본래 그것을 성취하는 메커니즘도 다르다. 참고로, 시민들의 직접 투표로 정치 서열을 결정하는 방식이 절대선인가의 문제, 다시 말해 중우정치의 문제는 이처럼 인기와 권위의 혼합에서 종종 발생할 수 있다.

인기가 많아지는 것에 비해 '1위가 되는 것'은 타인과의 경쟁에서 더 많은 신경을 써야 한다. 예를 들어 대중음악 인기 순위에서 1위를 차지하고 싶다고 가정해보자. 그러려면 좋은 노래를 만들기도 해야겠지만, 출시 타이밍도 신경 써야 한다. 유명 가수들이 활동을 쉬고 있을 때나 좋은 노래가 나오지 않는 타이밍에 맞춰서 출시하면 1위 자리를 노리기 쉽다. 호랑이 없는 틈에 여우가 왕이 되면 그 권위로 인해 인기도 어느 정도 오를 수 있다. 이런 방법에 빠지다보면 경쟁자들의 현황을 끊임없이 확인해야 하며 소모적인 싸움에서 피로를 얻게 된다.

본질에 집중하면 행복해질까?

인기를 얻고자 하는 사람 중에 '실력 키우기^{알맹이}에 집중하는 사람'과 '빠르게 단기적 인기 높이기^{껍데기}에 집중하는 사람'이 있다고 해보자. 이 제부터 전자를 A, 후자를 B로 축약해 부르겠다. A는 실력을 키우는 과 정에서 인기가 빠르게 상승하지 않는다는 고통스러움이 있다. 즉, 결실 은 나중에야 올 것이며 그 긴 기다림과 훈련의 과정이 고통스럽다. 하지 만 한편으로는, 특히 정신적인 면에서 B에 비해 행복할 수 있다. 제대로 실력을 키우고 있다면, 희망에 차 있을 것이고 불안하지 않을 것이기 때 문이다. 목표와 희망을 가진 사람은 당장 이루어지지 않았어도 그 자체 로 행복하다.

B는 내실과 실력에 소홀하고 단기적인 인기만을 만든다. 단기적인 인기를 얻는다는 장점이 있지만, 정신적으로는 안정감이 부족하다. 그 는 계속 새로운 대비를 해야 하며, 장기적인 계획이 서 있지 않고, 불안 함을 안고 있다. 안정감은 자기안의 중심이 있음을 뜻한다. 그것이 없으 면 '자존감' 또한 낮다. 그는 자신감은 있을 수 있어도 자존감은 낮을 확률이 크다. 자신감은 단기적으로 만들어낼 수도 있고 현실과 관련 이 크지만, 자존감은 현실과 무관할 수 있는 자아에 대한 믿음이다. 자 존감은 시련을 겪은 뒤 다시 일어나는 힘인 회복탄력성과 깊은 관련이 있다. 안정감과 중심이 부실하면 회복하기가 쉽지 않다. B는 그런 측면 이 더 많다.

트렌드 등 인기요소^{껍데기}에 신경을 많이 쓸 수 밖에 없는 연예인들은 인기로 인해 행복하지만 한편으로 불안하고 정신적인 문제를 가지는 경우가 많다. 종종 인기요소의 작용으로 하루아침에 엄청난 인기를 얻는 경우가 있는데, 트렌드가 끝나면 그 인기는 사라지고, 그러면 인기 중독에 따른 금단 현상과 불안 증상이 더 심해진다.

그런데 내실이 차 있다면 이 위기에서 벗어날 수 있다. 가수 싸이가 그렇다. 싸이의 〈강남스타일〉은 하루아침에 예상치 못한 엄청난 인기를 얻었다. 세계적으로 그렇게 많은 인기를 얻게 될 줄 누가 예상했을까? 물론 노래가 좋은 점도 있겠지만, 세계인이 보기에 그의 독특한 외모와 뮤직비디오에서 느껴지는 유머러스함, 중독성을 일으키는 후크, 재미있는 춤동작 등의 인기요소로 인해 인기가 크게 증폭된 면이 있다. 그리고 싸이와 '강남스타일'은 하나의 트렌드와 같은 현상이 되었다. 하지만 그 유행이 지나면 인기는 곧 추락할 것이다.

그런데 한편으로 싸이는 '내실'도 가지고 있었다. 그는 음악에 대한 열정이 있는 싱어송라이터로, 〈강남스타일〉의 작곡과 작사, 안무에 직접 참여했다. 그것이 알려지자 외국인들은 그를 높이 샀고, 외국에서 싸이의 인기는 급격히 떨어지지 않았다. 후속곡들은 그에 미치진 못해도 많은 사랑을 받았으며, 싸이의 인기는 정점에 비해 '점진적으로' 낮아졌다. 싸이는 강남스타일이 정점을 찍을 당시에도 가급적 겸손하려고 했으며, 벼락 인기에 연연하지 않고 그 인기가 떨어질 때를 대비하는 태도를 보였다. 내실이 있기 때문에 가능한 일이다.

실력과 내실은 계발하는데 힘이 들고 오래 걸리지만, 인기를 얻기 전이나 얻었을 때도 불안이 적다는 장점이 있다. 다만 인기요소, 껍데기가 없으면 남이 알아주지 못할 수도 있다. 그것은 주목시키고 광고하는 역할을 하기 때문이다(광고 자체가 인기요소다). 실력은 중요하지만, 실력만 있어서는 아쉽다. 인기요소가 합쳐졌을 때 진정으로 실력이 빛을 볼 수 있고, 실제적으로 행복해질 수 있다.

여론과 댓글로 인한 스트레스

인기를 꿈꾸는 사람들은 대체로 여론에 민감해진다. 그래서 인터넷 악성 댓글에 민감해지고, 상처를 많이 받기도 한다. 네티즌들은 명확한 이유 없이 악플^{악성 댓글}을 달기도 한다. 다른 사람들이 욕을 하면 더 마음 놓고 함께 욕을 한다. 여론과 대중의 분위기를 명분 삼아 자신의 스트레스를 해소하려는 경우가 많다. 종종 자기 또래에서 유명해진 사람에 대한 질투심 때문일 수도 있다.

앞에서 언급한 A와 B를 다시 비교해보면, 아마도 A보다 B가 악플이 더 많이 달릴 것이다. 왜냐하면 A는 노력이 더 커 보이고 본질을 키운데 반해 B는 (A에 비해) 한탕주의처럼 보이기도 하고 운이 많이 작용해 보여서 반감을 더 많이 일으키기 때문이다. 그런 경향도 있겠지만, 실수는 둘 다 할 수 있고 호불호는 주관적이므로 악플은 A나 B 모두에게 발생할 수 있다. 네티즌들의 쓸데없는 악플은 줄어들어야 하겠지만, 상처를 줄이기 위해서는 악플을 대하는 본인의 마음가짐에 주목해야 한다.

중요한 점은, 심지어 동일한 악플을 보더라도 B가 A보다 상처를 더 많이 받는다는 점이다. A는 껍데기에 관심이 없고 알맹이로 승부한다. 사람들은 껍데기를 잘 인지하고 알맹이는 인지하기가 더 어렵다. 그래서 A는 사람들이 자신을 욕을 하는 것을 보았을 때 '이 사람은 나의 진짜 모습에 대해 잘 모르는구나'라고 생각할 수 있고, 무시할 수 있다. 더구나 A는 실력을 통한 장기적인 성공을 꿈꾸므로 한때의 여론에 별로 민감하지 않다. 이런 심리로 인해 악플에 비교적 너그러운 마음을 가지게 된다.

반면에 B는 여론의 상태에 매우 민감하고 댓글과 악플에 더 민감하게 반응한다. B가 추구하는 것은 단기적 여론에 의한 인기인데, 악플은 단기적으로 여론에 영향을 미친다. B가 추구하는 것은 그것이므로, 즉각 타격을 입는다. B는 실시간 댓글의 상태가 자신의 인기와 이미지에 커다란 영향을 미친다고 생각하고, 여론 변화에 대한 두려움과 불안, 심적인 상처가 크다. 알맹이로 승부를 하지 않는 사람들은 여론의 흐름에 갈대처럼 쉽게 흔들리고, 웬만큼 강한 성격을 가졌다 해도 '멘탈'이 약해진다.

B에게 충고해주고 싶은 말은 첫째로, 예능을 추구하는 많은 사람들

도 알고 보면 알맹이와 같은 능력이 있는데, 그 부분을 잊고 있는 경우가 많다는 점이다. 완전히 B에 치우친 사람은 거의 없다. 있다면, 아마도 아무런 능력도 업적도 없는데 순전히 우연히 (사진 한 장 같은 것으로) 갑작스럽게 화제가 된 일반인 정도일 것이다. 그렇지 않다면 어떤 능력이 있는 것이니, A와 같은 마음자세를 어느 정도 가질 필요가 있다. 둘째로, 댓글의 상태나 한 순간의 여론이 자신의 인기의 전부는 아니라는 것이다. 지나가는 바람과 물결처럼, 악플이 만드는 여론도 한때의 현상과 같다. 댓글 상태와 여론은 언제든 변할 수 있고 사람들은 언제 그랬냐는 듯 바뀔 수 있다. 완전히 똑같은 행동을 하고도 욕을 먹기도 하고, 칭찬을 받을 수 있기도 하다.

'운'을 인정하라

인기에 집중한 나머지 과도한 스트레스에 빠진 사람이 있다면 들려주고 싶은 이야기가 하나 더 있다. 인기를 만드는 마지막 요소에 관한 것이다. 그것은 바로 '운'이다. 만약 인기가 발생하는 메커니즘이 다 밝혀져서 어떻게 하면 인기를 얻을지를 알게 되었다고 해보자. 인기학이 엄청나게 발달해서 인기를 만드는 공식^{방법}을 정확하게 알게 되었다고 해보자. 하지만 여전히 예측할 수 없는 부분이 있다. 인기는 주식시장처럼 '카오스'와 '복잡계'를 이루고 있고, 거기에는 '우연'도 작용한다. 우연처럼 우리가 예측하거나 통제할 수 없는 부분을 '운'이라고 말한다. 예를 들어 천재지변이나 갑작스런 사건이 그러하다.

2018년 한국의 여름은 관측 사상 가장 높은 기온을 기록했다. 이는 천재지변이었고, 사람들은 매우 힘들어했다. 가요순위 1위를 연달아 차지하던 정상급 아이돌 '여자친구'는 여름 시즌을 겨냥해 〈여름여름해〉^{부제 Sunny Summer}라는 노래를 발표했는데, 끔찍한 무더위는 그 노래의 흥행에 악영향을 미쳤다. 제목과 가사가 여름 햇빛을 긍정적으로 보고 있기 때문이다. 그 노래는 결과적으로 여자친구의 흑역사로 불리며 사람들에게서 잊혀졌다. 반면 같은 시기에 트와이스가 발표한 〈Dance the Night Away〉는 1위를 석권했는데, 시원한 밤의 이미지, 더위를 날려버리는 이미지를 가지고 있었다. 제목과 가사의 이미지는 트렌드, 환경과 결합되어 인기에 많은 영향을 미친다.

천재지변이나 사건사고 외에 굳이 특이한 경우를 찾아보자면, 사람들이 비정상적인 심리를 가지고 있는 경우에도 비슷한 일이 벌어질 수 있다. 예를 들어 세뇌된 상태가 있다. 특정 인물이 하는 모든 행동을 부정적이거나 긍정적으로 보도록 세뇌된 경우나 최면에 걸려있는 상태라면 정상적인 인기의 공식이 통하지 않을 수 있다.

이전에는 운이었던 것들도 연구를 한다면 운이 아니게 될 수 있다. 하지만 아무리 연구를 잘한다고 해도 운의 영역은 남아있다. 그 경우에도 '운도 실력'이라는 말이 적용될 수 있다. 의식적으로 준비하지 않았어도 어쩌면 오래전부터 무의식적으로 준비했을 수 있다. 그래서 운에 의한 결과를 받아들일 수밖에 없다. 하지만 운은 우리가 결정할 수 없는 부분이고 운에 의한 결과는 다른 사람들도 이해하는 부분이니 너무 스트레스 받지 않아도 된다.

4장

나를 보여주는 방법,
커뮤니케이션

우리는
의식의 흐름에 빠졌다

주관적이고 솔직한 신세대

2019년도 시작과 함께 20대, 밀레니얼 세대를 분석하는 책이 인기를 얻고 있다. 《90년생이 온다》가 베스트셀러에 오르면서 지금 사람들, 기성세대들이 20대의 사고방식, 행동방식을 궁금해 하고 있음을 보여주고 있다. 단지 90년대 생뿐 아니라, 미국에서 대략 80년생 이후를 뜻하는 용어인 밀레니얼 세대와 10대들까지 통틀어 '신세대'에 대한 궁금증으로 볼 수 있다. 10~30대는 소비문화의 트렌드를 주도하는 계층인데, 그들이 기성세대와 다른 특징을 가지고 있고 기성세대들은 이해하기 어려워한다.

나는 인지과학자로서 개인의 인지 과정에 관심이 많다. 신세대의 행동 패턴은 그들의 사고방식과 사고 패턴에서 나온다. 사람들이 궁금해하는 건 결국 그들의 사고방식의 특징이다. 그들이 기성세대와 특히 어떤 점에서 사고방식(인지과정)이 다를까? 채용정보사이트 사람인에서 기업 인사담당자들에게 밀레니얼 세대의 특징을 물어본 결과[2019년 1월]는 다음과 같았다. 첫째, 회사보다 자신을 중심으로 생각한다[42퍼센트]. 둘째, 워라밸[일과 생활의 균형]을 중시한다[26.3퍼센트]. 셋째, 솔직하고 적극적인 의사표현을 한다[15.9퍼센트]. 이러한 점이 대표적인 특징으로 생각되었다. 요약하자면 요즘 신세대의 특징은 대체로 개인 중심, 주관적, 솔직함[정직함과는 약간 다르다]이라는 것이다.

하지만 이것만으로 끝난다면 석연치 않다. 언제는 그러지 않았나? 지금 40대와 50대, 다시 말해 X세대와 86세대들도 젊었을 때 기성세대의 눈에는 개인적이고 주관적이고 솔직하게 보였을 것이다. 그래서 이 대답은 천편일률적으로 보일 수 있다. 다만 그 정도가 특히 요즘 신세대에서 급격하게 강해졌다고 볼 수도 있지만 특별한 요인 등 그에 대한 부가적 설명이 필요하다.

"아무말대잔치를 환영합니다"

요즘 신세대들 사이에 유행어 중 하나로 '의식의 흐름'이라는 말이 있다. 이 말은 요즘 신세대들의 인지 과정에 대한 힌트를 준다. '의식의 흐름'이란 원래 문학에서 등장인물의 파편적인 생각들이 정리되지 않고 나열되는 표현을 뜻하는 용어이다. 신세대들의 유행어의 뜻도 이와 별로 다르지 않다. 어떤 이가 아무 생각이나 떠오르는 것을 주변 상황에 개의치 않고 그저 내뱉을 때 '의식의 흐름이다'라고 부른다. 그 말은 주변 상황과 맥락에 맞지 않는 경우가 많고, 너무 주관적이기 때문에 자신만 이해할 수 있거나 누구도 이해가 어렵고 공감도 어렵다.

특이한 점은 요즘에는 타인들의 공감도 받지 못하는 주관적인 의식의 흐름이 표출되어도 신세대들 사이에서 그것이 너그럽게 인정된다는 사실이다. 과거에는 욕먹을 짓이었지만, 지금은 '의식의 흐름'이라는 유행으로 받아들여진다.

그와 비슷한 시기부터(대략 2016년부터) 유행한 것으로 '아재개그'와 '아무말대잔치'가 있다. 아재개그는 다른 사람들이 보기에 아재^{기성세대}가 할법한 썰렁한 개그인데 자기 혼자 재미있다고 이야기하는 걸 의미한다. 다른 사람들이 공감을 못해도 너그럽게 받아들여준다. 아무말대잔치는 맥락도 없고 큰 재미나 의미도 없이 생각나는 대로 아무 말이나 하는 상황을 의미한다. 그래도 되고, 그 자체가 남들이 보기에도 재미있다는 것이다. 이것이 이해가 안 되는가? 그렇다면 당신은 기성세대다. 사고방식에 따른 세대의 구분은 나이라기보다는 어떤 사고방식을 가졌느냐에 달려 있다.

'이것'에서 '저것'으로 주의력이 빠르게 움직이다

의식의 흐름 표현은 자유롭고 솔직하다. 의식은 자기만의 것이고 주관적이다. 그리고 실시간으로 표현이 일어나므로 빠르다. 그렇다고 해서 그들이 모든 생각을 빠르고 진중하지 않게 한다는 말은 아니다. 다만 그런 경우에도 긍정적으로 보일 수 있다는 것이다.

이러한 사고방식이 신세대들에게 생겨나게 된 원인에는, 거창하게 말하면 주관적 감성을 중시하는 포스트모더니즘의 격화로 볼 수 있다. 그 변화를 만든 환경을 살펴보면 과거와는 다르게 인터넷(유튜브 등), VOD 등을 통해 무한대의 다채널 방송의 환경에서 사람들이 주관적으로 각자 다른 걸 선택하는 환경이 되었다. 사실 인터넷이 나오기 전, 다채널 케이블TV의 등장부터 그 변화가 시작되었다. 그래서 타인의 주관적 경험이 잘 이해되고 공감가지 않더라도 이해할 수 있는, 이해해야만 하는 상황이 된 것 같다.

특히 인터넷 방송 환경에서 참을성은 필요가 없다. 요즘 사람들은 쉽게 지루함을 느낀다. 조금이라도 싫증나거나 지루하면 다른 장면, 다른 채널로 넘어가고, 원하는 장면을 바로 눌러서 볼 수 있다. 즉 의식이 원하는 것을 즉각 찾아볼 수 있다. 서로 다른 채널은 맥락이 연결되지 않는다. 의식의 흐름에 따른 입력^{보기, 듣기}이 의식의 흐름에 따른 출력^{말하기}을 강화시켰을 수 있다. 그리고 신세대들은, 물론 장소에 따라 다르지만, 누군가가 맥락에 맞지 않거나 진중하지 않은 말을 해도 개의치 않고 그냥 넘어가게 되었다. 그런데 이러한 환경의 변화는 신세대뿐 아니라 기성세대들에게도 적용된다. 점차 노년층까지 스마트폰과 유튜브에 빠져들고 있다. 의식의 흐름 세대만이 아니라 의식의 흐름 '시대'가 되어가고 있는 것이다.

맥락이 파괴된 소통

의식의 흐름으로 소통하는 신세대들과 소통하기 위해서는 어떻게 해야 하는가? 과거와 달라진 점은 다양성과 맥락의 파괴이다. 한 공간에 있다고 해도 서로 각자의 스마트폰을 들여다보고 있는 것처럼, 같은 공간은 더 이상 중요하지 않다. 각자의 생각이 서로 달라졌고, 이를 존중하고 다양한 생각이 분출되도록 해야 한다. 모두가 한 가지 주제나 일관된 흐름으로 이야기를 해야 한다고 강요하면 '꼰대'가 된다(집중해야할 목적이 있는 경우는 예외겠지만).

맥락의 파괴는 과거에 없었던 것을 허용하는 장점이 생기는 동시에, 한 가지에 오래 집중하고 구성하는 일에 취약하게 되는 단점이 될 수 있다. 과거에는 책들이 원인과 결과의 관계와 구성이 일관되고 치밀하게 구성되어 있다면, 지금은 파편적이고 서로 거의 관련 없는 글들이 묶여있는 형태인 경우가 많다. 최근 인기를 얻고 있는 에세이집과 시집이 대개 그런 형태다. 이것은 소통에서 일관된 맥락을 벗어나 좀 더 자유롭게 구성할 수 있다는 장점이 된다.

　현대인들에게 인기 있는 말과 글은 맥락에 신경 쓰지 않고 단지 그 글만으로 지식과 감동을 얻을 수 있는 독립적이고 짧은 글이다. 마치 5~10분 내외로 압축되어서 재미를 주는 유튜브 영상이 인기를 얻는 현상과 유사하다. 하지만 그런 독해 방식에만 습관을 들인다면 정작 능력을 키워야 할 학생들은 사고력, 구성능력, 높은 독해력을 키울 기회를 놓치게 될 수 있다.

쉽게 말하고,
더 쉽게 써라

그 많던 웅변학원은 다 어디로 갔을까?

대중의 호감을 얻기 위해서는 소통이라는 과정이 반드시 필요하다. 타인이 나를 좋아하고 선택하기 위해서는 모습을 관찰하고, 행동의 의미를 파악하고, 반응하는 과정이 필요하다. 그 과정이 바로 소통이다. 흔히 소통을 '두 대상 사이에 계속적으로 정보를 주고받는 과정' 또는 '둘 사이에 의견이 일치하는 것'으로 생각할 수 있는데, 그것뿐만 아니라 한쪽이 가진 정보가 다른 사람에게 흘러들어가는 '일방향 커뮤니케이션'도 소통이라 할 수 있다. 한 가수의 퍼포먼스를 보고 어떤 사람이 영향을 받았다면 그 가수가 해당 사실을 모르더라도 소통이라고 부를 수 있다는 뜻이다.

소통의 중요한 특징은 듣는 사람이 말하는 사람의 생각을 실시간으로 완벽하게 알 수 없다는 점이다. 나의 생각과 의식은 나만의 것일 뿐, 타인이 '똑같이' 가질 수는 없다. 다만 다른 사람들은 내가 '표현한 것'만 알 수 있다. 그리고 표현된 것 중에서도 타인에게 인지된 것, 특히 주의와 관심을 기울인 것만 전달되며 그에 따라 나에 대한 판단과 선호가 결정된다.

성공한 소통, 잘된 소통이란 자신이 의도한 대로 타인의 생각을 형성하고 행동하게 만드는 것이다. 상대방이 나를 좋아하게 만들어 인기를 얻고 싶다는 의도를 가졌다면 목적에 맞는 소통을 해야 한다.

1980~1990년대만 해도 동네에는 웅변학원이 매우 많았다. 어린이와 학생은 물론 직장인도 웅변을 배우러 다녔다. 당시에 '말을 잘한다'는 것은 정치인처럼 여러 사람 앞에서 카리스마를 풍기며 자신의 주장을 강력하게 제시하는 것을 뜻했다. 그러니 당시의 말하기에는 어떤 정답이 있었다. 웅변 훈련이란 위엄을 드러내는 방법을 익히는 일종의 엘리트주의 교육, 엘리트가 되기 위한 교육이었다.

하지만 지금은 한쪽이 일방적으로 말하면 좋지 않다고 인식되며 위압적인 카리스마도 중요하지 않다. 그보다 상호작용과 부드러움이 중요하다. 지금도 말하기를 잘하고 싶어 하는 사람들은 여전히 많지만 이제는 어떻게 하면 설득을 잘할 수 있는가, 어떻게 하면 긍정적인 반응을 얻을 수 있는가를 궁금해 한다. 이제 웅변학원은 대폭 줄어들고 그나마 대개 스피치 학원으로 바뀌었다. 주로 비즈니스 현장에서 실시간 소통을 위한 매우 실용적인 목적이다.

설민석은 어떻게 무한도전에 출연했을까?

고대 아테네 시대부터 실용적인 말하기 기술은 중요하게 여겨졌다. 소피스트들의 주특기였던 수사학은 말을 잘하는 기술인데, 설득을 잘해서 대중이 자신의 의견에 따르도록 만드는 기술이었다. 참고로 보통 민주주의는 근대의 산업화와 함께 나타나지만, 당시 고대 아테네는 독특하게도 그보다 훨씬 전에 존재했던 민주주의 사회였다. 당시 아테네는 다수의 지지, 즉 인기를 얻는 일이 중요했으며, 개인주의도 발달한 사회였다.

수사학을 영어로는 'rhetoric레토릭'이라고 하는데, 말을 교묘하게 꾸미는 기술을 비판적으로 꼬집을 때 '그는 레토릭이 뛰어나다'는 식으로 표현하기도 한다. 레토릭이 흔히 비판 받는 이유는 수사학이 본질을 흐리는 교묘한 말 기술로 사용되기 때문이다. 소피스트들이 바로 레토릭 전문가들이고, 그들을 비판하는 입장에서 종종 '궤변론자'로 부르기도 한다.

현대 사회에서도 말하기는 매우 중요하다. 다만 교묘한 수사학이라기보다는 청자 중심의 소통이 중요하다. 다양한 분야의 전문가 중에는

TV와 언론에 자주 등장하는 사람이 따로 있다. 요리사, 의상디자이너, 변호사, 의사, 물리학자, 생물학자, 역사학자, 철학자 등 각 분야마다 대중의 호감을 얻고 있는 사람들이다. 그런데 그들이 인기를 얻고 방송에 많이 출연하게 된 이유는 '소통 능력' 때문이지 그 분야에서 최고의 전문가이기 때문이 아니다.

미디어에 고정적으로 자주 출연하기 위해서는 다른 무엇보다 소통 능력이 더 우선시된다. 그들은 자신의 분야에서 최고의 경지에 올랐을 수도 있고, 어쩌면 아닐 수도 있다. 하지만 최고의 전문가가 아닌 사람은 있어도 소통 능력이 떨어지는 사람은 없다. 그들이 말을 잘하는 비결은 '쉽게 말하기'이다. 더 많은 사람이 이해하고 받아들이기 편하도록 말하는 것이다.

현재 가장 인기 있는 역사 강사이자 베스트셀러 저자인 설민석은 대중들이 이해하기 쉽도록 역사를 스토리로 전달한다. 그는 연극영화과 출신으로 대학원에서 역사교육을 전공했다. 물론 진정한 실력은 학력, 학벌과 무관할 수 있고, 대중과 어린 학생을 위한 역사교육은 역사학의 전문성이 반드시 중요하지는 않다. 그가 인기 있는 이유는 전문성이라기보다는 쉽고 재미있게 전달하는 능력이다. 그 때문에 그는 '무한도전'에도 출연하게 되었고, 인기는 더욱 높아졌다.

인기를 얻고 있는 전문가들은 사람들에게 호감을 일으키고 재미를 줄 수 있는 능력을 가지고 있는 경우가 많다. 반드시 '언변'이 좋은 것

외에도 얼굴이 잘생겼다거나 예능 프로그램에 나와서 보여줄 수 있는 노래나 춤 실력이 있다거나 하는 것도 일종의 소통 능력이다. 이러한 매력적인 인기요소들은 흥미를 일으켜서 결국 사람들과의 소통을 증진시키기 때문이다.

그러나 소통과 관련해서 가장 효과 있는 요소는 역시 '유머'다. 말을 잘한다고 알려진 사람들은 흔히 유머를 구사한다. 연예인 중에서 가장 말을 잘하고 가장 많은 인기와 수입을 거두는 직종은 MC다. 그들은 행사나 버라이어티쇼에서 중심적인 역할을 하는데 말을 잘할 뿐 아니라, 대개 재치와 유머가 있다. MC는 행사를 매끄럽게 진행하면서 흥미를 돋우는 감초와 같은 역할을 한다. 그래서 너무 엄숙한 행사가 아니라면 꽤나 진지한 학술대회에서도 진행자가 종종 유머를 발휘한다. MC는 물론이고 소통 능력이 뛰어난 강연자는 그 주제가 처세든, 인문학이든, 과학이든 간에 재미와 종종 웃음을 준다.

소위 '1타 강사'라 하는 잘나가는 대학 입시 학원 강사들도 학생들에게 웃음을 많이 준다. 종종 재미있는 이야기를 들려주거나 웃긴 퍼포먼스를 하기도 한다. 학생들은 그 부분 때문에 더욱 강의에 집중하게 되는 효과가 있다. 하기 싫은 공부를 억지로 하는 학생들에게는 유머의 효과가 더욱 크다. 이런 이유에서 우리는 어떤 직업을 가졌든 점차 '예능감'을 키워야 하는 시대에 살고 있다.

어떻게 말하느냐 vs 무엇을 말하느냐

그런데 한 가지 생각해볼 점이 있다. 어떤 강연자나 학원 강사가 인기 있다면 이는 단지 소통만 잘했기 때문일까? 만약 그 학원 강사가 정말로 재미있게 말하는 능력을 가졌지만 수학이나 영어처럼 자신의 맡은 과목의 문제 풀이 능력, 전문적 지식이 부족하다면 학생은 배울 수 있는 게 적을 것이고, 교육 시장에서 큰 인기를 얻기는 어려울 것이다. 그러니 실력이라는 본질이 존재하는 상태에서 소통의 기술을 가져야 한다.

소통의 '기술'은 수사학이나 스피치 학원에서 배우는 것처럼 알맹이가 아닌 껍데기로 볼 수 있다. 하지만 높은 가치의 브랜드가 되기에는 부족한 점이 있다. 높은 가치를 갖기 위해서는 '창조적인 표현'이 필요한데, 여기에는 그 사람의 본질과 실력, 즉 알맹이가 필요하다.

한 예로 '센스 있는' 말과 글은 인기를 높인다. 무엇이 말과 글의 센스를 높이는가? 재미도 중요하지만, 적재적소의 어휘 구사, 창의성, 통찰력, 예술적 소양이 중요하다. 그로 인해 센스 있는 말은 사람들이 감탄하고 그를 칭찬하고 호감과 매력을 느끼게 만들고, 센스 있는 SNS 글이나 댓글은 '좋아요'를 많이 받는다. 이미지 중심인 인스타그램에서는 어떤 사진을 올리는가도 그 사람의 감각을 보여준다.

'센스 있음'은 일종의 소통 능력이지만, 이렇게 표현 속에 담긴 알맹이도 상당히 중요하다. 그 말이 궁극적으로 의미하는 바가 무엇인지, 그 말이 독자나 사회에 궁극적으로 어떤 영향을 미칠 것인지, 그 말을 하는 사람의 지적 수준이 어떠한지는 이 알맹이에 속한다. 알맹이를 키우려면 말 재주를 기르는 것과는 다른 방식의 노력이 필요하다. 책을 읽어서 지식을 쌓고, 공부를 해야 한다. 그리고 통찰력을 키워야 한다. 순발력 있고 유머 능력이 뛰어난 MC들도 센스 있는 말을 하기 위해서 흔히 책을 읽고 공부한다는 점을 기억할 필요가 있다.

말하기만큼이나 중요한 글쓰기

'쉽고 재미있게.' 이는 말뿐만 아니라 글에서도 중요한 요소다. 읽는 사람의 입장에서 어려운 말과 글을 이해하려면 많은 노력이 요구되고 짜증이 나기도 한다. 그래서 대중 서적은 가급적 이해하기 쉬운 문체로 쓸 뿐 아니라, 예쁜 글씨체로 꾸민다거나 적당한 그림을 추가하기도 한다. 특히 인터넷에서 많은 댓글이 달린 글을 보면 대부분 스크롤을 한두 번 내리는 동안 반드시 하나 이상의 이미지가 등장한다.

쉽게 이해할 수 있는 말과 글은 접근성이 높기 때문에 당연히 인기가 올라간다. 똑같은 내용이라도 어렵게 쓸 수도 있고 쉽게 쓸 수도 있다. 예를 들어 '이 문장의 체언은 통사론적 위반을 범하고 있다'라는 표현은 어렵지만 '이 문장에서 주어의 쓰임은 문법적으로 맞지 않다'라고 고치면 훨씬 쉽게 느껴진다. 익숙하지 않은 어휘를 사용하는 문장, 주어와 술어가 너무 멀리 떨어져 있는 문장, 복잡한 사고를 요하거나 논리적 단계를 생략하는 문장은 읽기 어렵다.

그러면 무조건 쉽게 쓰는 게 좋은가? 글의 내용만 따지자면 굳이 쉽게 쓸 필요가 없다. 말하고자 하는 내용이 무엇보다 중요한 글인 논문의 경우에는 쉽게 쓰기 위한 고려를 별로 하지 않는다. 반면 대중적으로 읽혀야 하는 글이라면 어떨까? 논문에 익숙한 학자나 연구자들이 대중적 책을 낼 때 출판사로부터 '최대한 쉽게 써달라'는 주문을 받고 곤혹스러워하는 경우가 많다. 컨텐츠를 찾고 연구하는 능력과 잘 읽히는 글을 쓰는 능력은 별개이기 때문이다. 다시 말해 알맹이를 계발하는 능력과 껍데기를 계발하는 능력은 별개다.

하지만 접근성을 좌우하는 껍데기를 잘 만들지 않고서는 소통에 문제가 발생하며, 알맹이가 빛을 보지 못할 것이다. 글은 상대방이 주목하고 접근할 수 있도록 써야 한다. 심지어 학술논문도 전문용어 이외에는 흥미를 유발하고 읽기 쉽게 쓰는 게 좋다. 말과 글은 종합적인 작품이다.

외국어가 시장을 넓힌다

이번에는 약간 다른 이야기를 해보자. 쉽고 재밌게 말하고 글 쓰는 능력도 중요하지만 '어떤 언어'로 말하고 글 쓰는가도 인기를 얻는 데 종종 큰 요인이 된다. 영어처럼 사용자가 많은 언어를 이용하면 더 넓은 시장에서 인기를 얻을 가능성이 있다. 한국 연예인이 외국에 진출하는 것은 이제 흔한 일이 되었다. 그래서 이들은 영어나 일본어, 중국어 등 외국어 공부하는 경우가 많다.

외국어를 잘하면 그 나라의 팬들과 소통을 매끄럽게 할 수 있다. BTS의 멤버인 RM은 유창한 영어 실력으로 해외에서 통역 없이 인터뷰를 하는 것으로 유명하며, 추자현과 이다해 같은 배우는 뛰어난 중국어 실력을 바탕으로 중국에서 연기 활동을 펼쳤다. 그룹 f(x)의 멤버인 엠버는 아예 영어로 유튜브 채널을 운영해 다수의 해외 구독자를 보유하고 있는 것으로 알려졌다. 일반인들이 외국어를 배우려 하는 이유도 이와 다르지 않다.

외국어 능력은 그 자체로 새로운 내용(알맹이)을 만들어내지는 않고 소통을 더 원활하게 만드는 기능을 한다고 볼 수 있다. 유튜브는 세계에 열려있기 때문에 외국어를 사용하면 많은 기회를 얻게 된다. 직접 영어를 하면 좋겠지만, 그게 아니라도 자막을 넣으면 훨씬 많은 시청자가 생길 수 있다. 뿐만 아니라 인스타그램과 페이스북도 세계와 통해있기 때문에 외국어, 특히 영어는 소통을 넓히는 인기요소가 된다.

그런데 단지 외국어 능력만이 외국인과 소통을 잘 할 수 있는 능력일까? 앞에서 언급한 것처럼, 그것은 단지 소통의 '기술'일 뿐, '센스 있는' 소통이 되기에는 부족하다. 더 많은 외국인들과 깊은 소통과 호감을 얻기 위해서는 외국 문화에 대한 이해가 필요할 것이다.

스토리가 사람을
끌어당긴다

〈주간 소년 점프〉의 슬로건은 '우정, 노력, 승리'

우리는 여가 시간에 흔히 영화나 만화를 보고 소설책을 읽는다. 이는 공부를 위해서가 아니라 재미를 위해서 하는 행위다. 영화나 만화, 소설책은 모두 스토리텔링을 보여주는 예술이다. 인간은 본능적으로 스토리를 사랑한다. 그중에서도 역경을 딛고 성공하는 이야기처럼 유난히 주목받는 스토리가 있다. 대중이 어떤 스토리를 선호하는지 이해하면 나의 이야기를 대중 앞에 꺼내 보일 때 활용할 수 있다.

사람들은 어떤 스토리를 좋아할까? 영화와 만화로 세계를 제패하고 있는 할리우드 영화와 일본 문화 콘텐츠의 특징을 살펴보자. 크게 흥행한 작품은 대개 다음과 같은 특징이 있다. 주인공은 정의롭고 순수한 캐릭터인데, 처음에는 힘과 기술이 약해서 실패를 많이 하고 고생을 하면서 힘과 기술을 점차 익히게 된다(흔히 스승에게 수련 받는 과정이 있다). 그 과정에서 동료들을 만나서 우정을 쌓는다. 주인공과 동료들의 기량이 점점 높아지고, 그들은 서로 협동하면서 악당 두목과 최후의 결전을 벌인다. 악당은 지구나 인류를 파괴하려는 목적을 가지고 있었는데 주인공 무리는 최종적으로 악당을 이기고 해피엔딩을 맺는다. 심지어 국산 영화로 엄청난 인기를 얻은 〈타짜〉도 이와 유사한 구조다.

예술적 문학 작품은 윌리엄 셰익스피어William Shakespeare의 4대 비극이나 조지 오웰George Orwell의 《1984》처럼 마지막에 주인공이 실패하는 비극으로 끝나는 경우도 많지만 대중적으로 흥행하는 작품은 주로 해피엔딩인데, 이는 할리우드 영화와 일본 만화에서 흔히 발견되는 특징이다. 일본에서 가장 유명한 만화 잡지 〈주간 소년 점프週刊少年ジャンプ〉의 슬로건은 '우정, 노력, 승리'다. 대개 이제까지 엄청나게 흥행한 만화는 이 세 가지 요소를 가지고 있다.

우리가 이런 스토리를 좋아하는 이유는 이를 보면서 성공에 이르는 방법을 배울 수 있기 때문이다. 특히 어린이들이 많이 보는 만화는 보다 장기적 성공을 위해 차근차근 노력하면서 본인을 계발하는 과정이 많이 보인다. 아이들은 힘든 과정을 통해 자신의 능력을 점차 높이고, 동료와 협동하면서 결국 승리하는 스토리를 매우 좋아한다. 그걸 보면서 미래에 자신의 꿈을 더 잘 이루는 데 도움을 얻을 수 있다. 어른들도 실패를 딛고 결국 승리하는 스토리를 좋아한다. 그 스토리에서 승리나 성공의 '교훈'을 얻게 된다. 이렇게 재미있는 스토리는 단지 즐거움뿐 아니라 유익함을 준다.

WWE^{World Wrestling Entertainment} 프로레슬링의 인기는 쉽게 이해하기 어렵다. 미리 짜여진, 심지어 승패마저도 각본이 있는 이 세계는 '진실함'이 없다. '예술성'도 거의 없다. 종종 선정성과 폭력성 때문에 19금으로 방영되기도 한다. 하지만 프로레슬링만의 선정성과 폭력성으로도 WWE의 큰 인기를 설명하지 못한다. WWE의 핵심은 스토리다. 일반적인 스포츠는 각본 없는 드라마이지만 프로레슬링은 '각본 있는' 드라마다.

창의성을 발휘해서 더 재미있는 서사를 만들 수 있다. 판타지나 SF에 나올 법한 이야기와 캐릭터를 넣을 수도 있다. 또한 트렌드를 활용한 이야기나 현실에서 닥칠법한 이야기를 꾸밀 수도 있다. 예를 들어 WWE의 회장 빈스 맥마흔^{Vince McMahon}은 흔히 음모를 꾸미고 레슬러들을 회유하는 역을 맡는다. 그리고 회사인 WWE에 소속된 레슬러들은 그 음모에 맞서 싸운다. 거기서 벌어지는 '직장 스토리'가 흥미진진하다. 관객들은 그 스토리를 보면서 현실적인 교훈을 얻을 수 있다.

스토리를 즐기면 창의성이 높아진다

이번에는 미국 아카데미 시상식을 살펴보자. 아카데미 시상식의 작품상은 예술성도 중요하게 여기지만, 그 외의 요소도 어느 정도 고려하는 것으로 보인다. 그래서 (예술성도 있지만) 재미있는 영화, 대중적인 영화가 작품상을 타는 경우가 흔히 있다. 반면에 유럽의 주요 영화제에서는 순전히 예술성과 같은 기준으로 작품상을 선정한다. 그래서 대중이 볼 때 어렵게 느껴지는 경우가 많다.

미국과 일본의 사회적 분위기는 다른 나라에 비해 스토리에서 오는 재미를 높이 인정하는 분위기다. 그 증거로 '장르 소설'을 들 수 있다. 다른 나라에 비해 특히 미국과 일본은 판타지, SF, 추리, 서스펜스, 로맨스 등의 장르 소설이 발달했다. 소설은 예술성과 대중적 재미가 충돌하기 쉬운 분야다. 한국의 문학계는 그 중 예술성을 더 중요하게 여기는 듯 보인다. 대중이 이해하기 어렵더라도 예술적인 소설을 써야 정식으로 등단을 하게 되는 구조다.

판타지와 SF는 비현실적이기 때문에 과연 실생활에 얼마나 도움이 되는지 의문이 생길지도 모르겠다. 하지만 특히 아이들은 판타지와 SF를 매우 좋아한다. 그리고 점점 그걸 좋아하는 어른들이 늘어나고 있다. 오히려 현실에서 보기 힘든 낯선 공간이라는 점에서 장점이 있다. 판타지와 SF는 낯선 공간으로의 여행과도 같다. 이것은 여행에서 얻는 유익함, 특히 창의성 증진에 많은 도움이 된다. 현실적 배경보다 낯선 배경이 창의성에 더 도움이 된다.

창의적이고 예술적인 분야에 종사하는 사람들은 판타지와 SF를 더 좋아하는 경향이 있다. 그런데 많은 분야에서 점차 창의성이 필요해지고 있다. 인기를 얻기 위해서도 창의성, 예술적, 예능적 소질이 필요하다. 그래서 어른들도 판타지와 SF를 접함으로써 창의성을 높이고 싶어 한다.

유머를 잘 구사하기 위해서도 창의성이 필요하다. 유머는 주로 '색다른 발상'과 '예상치 못함'에서 발생하기 때문이다. 학력이 높지도 않은 장동민이 각 분야의 수재들이 참가한 tvN 예능 프로그램《더 지니어스》에서 창의성을 발휘해서 우승한 사례에서 보듯, 개그맨들은 대체로 창의성이 높은 편이다. 우리는 개그와 유머를 접하면서 스트레스 해소 효과는 물론이고, 창의성과 사회성 향상도 얻는다.

대중문화콘텐츠는 '대중성'이 중요하기 때문에 예술성이나 도덕성보다도 쉽고 재미있고 자극적인 면이 강조된다. 이 점 때문에 대중문화의 인기는 전통적으로 가치가 낮다고 (잘못) 폄하되어 왔다. 그리고 알맹이가 없이 자극적이고 흥미위주로만 만들면, 다시 말해 껍데기, '양념'만 잘 만들면 인기가 높아질 것이라고 많은 제작자들이 생각해왔다. 하지만 '여가'로 즐기는 대중문화에도 이제까지 본 것처럼 알맹이가 있다. 그 알맹이란 휴식, 카타르시스, 사회성 향상, 창의성 향상 등 소비자의 생산성 향상에 기여하는 부분이다. 그 부분이 높은 상품은 인기가 높아진다.

당신은
'어떤 캐릭터'입니까?

개인의 보이지 않는 브랜드

브랜드는 이제까지 일반적으로 기업이 만든 상표와 같은 것을 의미했다. 왜냐하면 그것이 '눈에 보이는' 브랜드이기 때문이다. 반면에 개인 그 자체의 브랜드는 딱히 별개로 만들 필요가 없다. (특별한 예명이나 로고를 만들지 않는 한) 그 사람과 그 이름 자체가 브랜드이다.

한 사람에게는 보이지 않지만 존재하는 브랜드가 있다. 주로 '이미지' 상태로 존재한다. 이미지는 눈에 보이는 그림을 의미하기도 하지만, 사람들의 마음속에 있는 대상에 대한 인식과 인상도 의미한다.

개인의 브랜드라는 개념은 최근에 각광받고 있지만, 과거에도 개인의 브랜드라 불릴 만한 것이 있었다. 주로 출신 학교, 학력, 자격증 (더 옛

날로 가면 가문) 등 '스펙'이 브랜드의 역할을 했다. 물론 지금도 스펙은 개인의 브랜드의 일부분이지만, 현재 개인의 보이지 않는 브랜드는 그보다 더 폭이 넓다. 스펙은 기록으로 고정되어 있지만, 브랜드 이미지는 유동적이다. 브랜드 이미지는 기록된 게 아니라 사람들의 마음속에 있기 때문이다. 더구나 스펙에 대한 신뢰가 점차 떨어지고 있다. 이제 사람들은 스펙보다는 실력이나 퍼포먼스에 주목한다. 스펙은 학교나 전문직 등 '집단'으로서의 자격이다. 그러나 이제 사람들은 그 개인을 따지기 시작했다. 이 방향은 점차 껍데기보다는 실력 중심으로 가는 변화이다.

이미지는 본질과 구분된다고는 하지만, 순전히 껍데기는 아니다. 왜냐하면 만약 그의 본질적 능력(알맹이)이 인지된다면 그것도 이미지가 되기 때문이다. 다만 알맹이가 이미지화되지 못하는 사례가 많을 뿐이다. 물리학자 아인슈타인은 인류에 기여하는 훌륭한 연구를 해서 좋은 이미지를 갖게 되었다(하지만 지금 그의 이미지도 부풀려졌을지 모른다).

단지 껍데기만을 높여서 이미지를 만들 것인지, 알맹이를 계발해서 결국 이미지를 좋게 만들 것인지는 우리의 선택과 노력에 달려있다. 참고로 '이미지 관리 행위'는 알맹이 계발이라기보다는 인기를 위한 껍데기를 만드는 일에 속한다(물론 이것이 나쁘다는 말은 결코 아니다).

'가성비'의 유행은 어떤 의미일까?

브랜드는 기업에서 특히 중요하게 생각하는 부분이다. 중요한 자산으로서 측정도 가능하다. 2019년 6월 브랜드Z에 따르면 아마존^{Amazon}의 브랜드 가치가 3천 155억 달러로 세계 1위를 기록했다(애플^{Apple}이 2위였다). 삼성의 브랜드 가치가 크다고 생각하겠지만 303억 달러로 38위였다. 기업들은 브랜드가 소비에 상당히 큰 영향을 미침을 알고 있다. 그래서 브랜드와 브랜드 디자인에 대한 연구와 투자는 오래전부터 매우 많이 이루어져왔다.

브랜드는 인기를 증진시키는 하나의 요소일 뿐 제품이나 회사 그 자체는 아니다. 하지만 우리는 물건을 구입할 때 상표나 브랜드를 보고는 믿고 구입하는 경우가 많다. 또한 특정 브랜드를 소유하게 되면 사회적으로 마치 귀족이나 상류층처럼 보이는 일도 있다. 이는 브랜드가 가진 나름의 권위로 인해 발생하는 현상이다.

그런데 최근에는 소비자 중심의 문화가 심화되면서 최근 몇 년간 브랜드의 권위가 깨지고 있다. 한국의 트렌드 연구자들은 대략 2015년부터 브랜드에 대한 환상과 기대, 믿음이 줄어들고 제품의 품질을 우선하는 '메가트렌드'(일반 트렌드보다 더 길다)가 나타나고 있다고 지적한다. 이는 '가성비'를 중시하는 흐름으로 나타나고 있다. '가성비'는 그 즈음 나타난 신조어였다. 브랜드만 믿고 거만했던 명품 업체들도 이제는 신제품 개발과 품질 관리에 집중한다.

이렇게 권위가 해체되고 있는 시대에, 브랜드의 가치는 계속 떨어지고 있는가? 물론 떨어지는 부분이 있다. 사람들이 권위에 현혹되길 거부하고, 자신의 실속 위주로 판단하기 때문이다. 과거에는 그 제품을 소유했을 때 '권위 있어 보임', '높아 보임'이 실속이었지만, 지금은 그것이 실속이 아니다. 품질이 실속이고, 자신의 인기가 높아짐이 실속이다 (인기는 권위가 아니라 대중과 소통함이다). 브랜드의 권위의 이득은 떨어지고 있지만, 한편으로 브랜드의 가치가 줄어들지 않거나 오히려 늘어나는 부분도 있다. 그에 대해 살펴보기로 하자.

이성보다 감성이 낫다

브랜드가 인기를 만드는데 여전히 중요한 이유는 브랜드가 무생물이나 집단을 마치 '하나의 인격체'처럼 보이게 만들기 때문이다. 하나의 인격체는 인기를 담는 '그릇' 역할을 담당한다. 우리 각자가 인기를 얻을 수 있는 하나의 브랜드인 이유도 이러하다.

왜 그런지 살펴보자. 회사, 기업이 과연 인기를 얻을 수 있을까? 회사는 여러 사람들이 돈을 벌기 위해 '계산적으로' 모인 조직이다. 관계자가 아니라면 일반 대중은 그 회사가 망하든 말든 관심이 없다. 즉 도움을 줄 이유가 없고 애정을 가지고 응원할 하등의 이유가 없다. 사람들이 어떤 대상에게 애정을 가지고 응원할 마음이 생기려면, 적어도 회사라는 '무생물의 조직체'가 아니라 '마치 인격이 있는 것 같은 개체'여야 한다. 생물과 인격체는 '삶과 죽음', '감성'을 가진다. 회사에 브랜드가 생기면, 그 브랜드는 돈을 벌려는 생각만이 아닌, 어떤 '독립적 마음'을 가진 개체처럼 인식된다. 그러면 거기에 인기를 줄 수 있고, 담을 수 있게 된다. 회사에 팬이 생기기는 어렵지만, 브랜드는 팬이 생길 수 있다.

브랜드 부재의 예로 LG의 휴대폰이 있다. 휴대폰 시장은 워낙 크고 전자제품 회사의 이미지와도 관련이 크므로 LG에서는 휴대폰 사업을 중요하게 생각하지만, 인기를 얻지 못하고 적자에 가까운 결과가 계속 나오고 있다. 삼성 '갤럭시S'의 커다란 인기와 너무나 대조된다. 과연 기계 자체의 품질 때문일까? 아니면 마케팅을 잘 못해서 그런 걸까? 그 부분도 있을 수 있지만 확연하게 눈에 띄는 차이는 브랜드 부족이다. LG 휴대폰은 G시리즈, V시리즈가 있지만, 그건 브랜드가 아니다. 그저 '급'을 표시할 뿐이다. 사실 'LG'는 브랜드라기보다는 회사명, 아니, 그룹명에 가깝다. LG는 매우 다양한 가전제품을 만드는 회사이고, 휴대폰과 전혀 관계없어 보이는 분야도 많다. 심지어 이동통신사, 금융사, 의류회사도 LG라는 상호를 쓴다. 그런데 특이하게도 에어컨휘센, 냉장고디오스등 다른 몇몇 제품에는 브랜드가 있다. 사람들은 가전제품을 주로 만드는 회사가 부수적으로 휴대폰을 만든다고 생각하기 쉽다. LG 회사에 팬이 있을 수도 있지만, 앞에서 말했듯, '회사'에 도움을 주기 위해 자비를 들이는 일은 아무리 팬이라도 자기희생이다.

회사에 대한 팬심이 없거나 부정적이어도 브랜드를 만들어서 극복할 수 있다. 현대자동차 회사는 팬심이 많지 않다. 오히려 국내용과 수출용의 차별, 노사문제, 부동산 개발문제 등으로 과거에 여론이 좋지 않은 적이 많았다. 하지만 2015년 말 '제네시스'라는 독립적인 고급차 브랜드를 만든 후 이미지가 좋아졌고 판매량이 늘어났다. 사실 제네시스는 현대자동차의 한 종류이지만, 사람들은 제네시스 브랜드가 회사가 아니라 독립적 마음을 가지고 있는 것처럼 생각한다. 그리고 인기와 팬이 더 생긴다.

애플은 세계 최고 수준의 브랜드 가치를 가지고 있다. 실제로 팬들이 많으며, 그들은 애플 제품과 브랜드에 마치 가까운 친구와도 같은 애정을 가지는 것으로 보인다. 그런데 '애플'은 회사명인데 왜 LG휴대폰의 사례와 달리 브랜드인지가 의아할 수도 있다. 하지만 일단 '아이폰', '아이패드', '아이맥', '맥북'같은 하위 브랜드가 있다. 그리고 중요한 점은, 애플 제품이나 광고를 보면 '애플Apple'이라는 글자가 아닌 단지 사과모양의 그림을 부각시킨다. 그 그림 이미지가 '애플 회사'와 구분되는 브랜드다. 이성적으로 이해해야하는 글자가 아니라 단지 그림이미지가 브랜드라는 점은 애플의 감성적인 특성을 드러낸다. 애플 제품은 원래 감성을 가지고 있다고 알려져 있다. 감성을 가진 브랜드는 인기를 높이는데 도움이 된다. 감성은 끌리는 '매력'을 만들기 때문이다.

이 부분을 개인의 브랜드에 어떻게 응용할 수 있을까? 이성적이고 계

산적인 이미지보다는 감성적인 이미지가 더 유리하다. (앞서 언급했던)

힐러리와 트럼프, 이회창과 노무현의 사례에서도 보듯이, 선거에서도

이성보다는 감성적인 이미지가 더 유리하다. 이성적인 이미지는 기계

처럼 계산하고, 빈틈이 없고, 자신의 이익을 위한다는 느낌을 준다. 그

러면 도움을 줄 생각이 안든다. 반면에 감성을 가진 존재라는 생각이 들

면, 종종 실수도 용서가 되고 도와주고 싶은 마음도 생긴다. '매력'은 감

성의 반응인데, 상대방이 감성적일 때 자신도 감성적이 되고 매력을 더

느끼게 된다. 반면 상대가 이성적이면 자신도 이성적이 된다.

물론 막무가내로 감성을 드러내서는 안 될 것이다. 어떻게 하면 좋은

방향으로 감성을 풍기는 사람이 될 수 있을지는 좀 더 연구가 필요한

문제이지만, 지금 내가 할 수 있는 말은, '기계'와 같은 이미지와 반대로

하면 된다는 것이다. 기계는 계산적이고 빈틈이 없고(완벽하고) 인풋에

서 아웃풋까지의 예측이 가능하다. 감성을 가진 생물은 그렇지 않다. 타

인을 위해 손해도 볼 수 있고, 착각을 하기도 하고, 완벽하지 않고, 예측

이 불가능하다(다만 너무 불가능해서는 안 된다). 그리고 창의적이다.

미키광수의 외모는 근육질, 내면은 어린아이

브랜드를 보조하면서 인기를 높이는 유용한 것으로 '캐릭터'가 있다.

미키마우스부터 둘리까지, 캐릭터에 대한 관심은 오래전에도 있어왔지

만 과거에는 학용품이나 어린이 방송에서만 캐릭터를 볼 수 있었던 것과 달리 요즘에는 폭넓은 분야에서 캐릭터가 활용되고 있다. 음료수처럼 한번 마시고 버리는 제품에도 귀여운 캐릭터가 붙으면 훨씬 많이 팔린다.

캐릭터는 대개 한 브랜드의 인기를 높이기 위해 만들어지거나 동원된다. 동물이나 사람 같은 모양으로 대개 인격을 가졌다는 특징이 있다. 식물이나 심지어 무생물에도 눈과 입을 넣고 말을 하게 해서 인격을 부여시킨다. 인격이나 마음을 가진 것이 인기를 모으기 때문이다. 그리고 대개의 경우 캐릭터는 '귀여운 모습'을 하고 있다. 캐릭터들의 공통적인 특징은 커다란 머리와 눈, 작은 코와 입, 짧은 팔과 다리인데 이는 귀여움을 유발하는 아기의 특징이다.

그런데 2015년 이후, 캐릭터가 담긴 상품은 더욱 큰 인기를 얻고 있는 것으로 보인다. 최근 베스트셀러 시장에서는 캐릭터 상품인지 책인지 논란이 될 정도로 캐릭터를 앞세운 도서가 많이 팔렸다. 캐릭터는 대개 어린이들이 보는 만화에서 비롯되었고 원래 어린이들이 주로 좋아한다고 알려져 있다. 하지만 키덜트 문화가 확산되면서 캐릭터에 대한 인기가 성인 사이에서도 증가했다. 과거에는 성인이 미키마우스가 그려진 옷을 입고 다니기가 꺼림직하게 느껴졌으나 지금은 흔한 일이 되었다.

2018년 말, 개그맨 미키광수가 SNS 상에서 큰 인기를 얻었다. 그는 근육질의 건장한 몸을 자랑하며 격투기 운동을 취미로 한다. 그런데 그는 아이러니하게도 '헬로키티'라는 캐릭터를 매우 좋아한다. 그는 핑크색 캐릭터 옷과 이불, 인형 등으로 장식된 그의 방을 자랑하기도 했다. 강한 겉모습과 달리 내면은 순수하다는 점을 보여주면 어린아이 같다는 느낌이 들게 되고 타인으로부터 관심을 받을 수 있으며, 더 나아가서 어쩐지 도와주고 싶은 마음이 들게 한다. 핑크색은 피부색이 아닌 속살의 색깔로, 부드럽고 연약한 느낌을 준다. 이 색을 보는 것만으로도 근력과 폭력성이 줄어든다는 연구결과도 있다. 핑크색은 최근 몇 년간 인기를 끌고 있다.

과거 사람들은 주로 강함과 우월함을 과시하려 했다. 과거보다는 덜하지만 지금도 강함과 우월함은 멋있고 뛰어나게 여겨진다. 하지만 강함과 우월함은 소통의 측면에서 단점이 있다. 소통을 잘하고 인기를 많이 얻기 위해서는 사람들이 어렵지 않게 접근할 수 있어야 한다. 강함과 우월함은 접근하기가 어렵고, 반면에 어린이, 약한 사람, 낮은 사람에게는 접근하기가 쉽다. 미키광수는 강함과 약함의 장점을 절묘하게 결합시켰다.

결국 인기는 '접근성'이 매우 중요하다. 접근성이 좋은 역세권이 장사가 잘되는 것과 마찬가지다, 어렵고 부담스럽고 딱딱하고 거친 대상은 접근하기가 어렵다.

젊고 예쁜 것은
강력한 무기

얼굴이 잘생길수록 선거에서 유리한가

한국은 새로운 트렌드가 빠르게 퍼지는 나라다. IT만 해도 그렇다. 우리나라는 세계에서 가장 빠른 인터넷 환경을 조기에 갖추었고, 노인층도 대부분 스마트폰을 가지고 있을 정도로 IT 기기 보급률이 높다. 2018년 미국 퓨 리서치Pew Research 조사 결과 한국은 성인의 94퍼센트, 일본은 성인의 59퍼센트가 스마트폰을 가지고 있었다.

이런 특성 때문에 외국 기업에서는 한국을 좋은 '테스트 베드test bed'로 여기고 있다. 테스트 베드란 신제품이나 신기술을 시험해볼 수 있는 환경을 뜻한다. 한국의 할리우드 영화 개봉일이 일본 등에 비해 빠르거나 심지어 세계 최초인 경우가 많은 것도 이 때문이다.

예능적 기질의 일종인 흥이 많고, 타인의 평가를 중요하게 생각한다는 것과 더불어 트렌드에 민감하다는 국민적 특성은 요즘과 같은 시대에 한국이 가진 국가 경쟁력 중 하나다. 이런 측면에서 한국은 외모를 가꾸는 것에도 큰 관심을 가지고 있으며, 한국의 뷰티 트렌드는 한류 열풍과 함께 해외로 수출되고 있다. 외모는 훌륭한 인기요소다. 한국인은 화장품과 피부 관리에 열심히 투자하고 있다. 좋은 뜻이든 나쁜 뜻이든, 한국에서 화장과 성형처럼 외모에 관련된 산업이 발달했다는 것은 부인할 수 없다.

외모는 구체적으로 어떤 이득을 가져다줄까? 연예인이나 모델이 아닌 직업군에서도 외모는 대중의 이목을 끄는 효과를 발휘한다. 문재인 대통령과 조국 수석, 임종석 전 비서실장 등은 잘생긴 외모 덕분에 '청와대 F4' 같은 별명으로 불린 적 있으며, 나경원 자유한국당 원내대표와 조윤선 전 장관은 한때 '미녀 국회의원'이라는 이름으로 묶여 언론에 오르내리기도 했다.

그래서 많은 사람들은 얼굴이 잘생기면 선거에서 유리하다고 직관적으로 생각할 수 있지만, '좋은 인상', '당선될 것 같은 인상'이 유리하다는 연구사례는 있어도 '예쁘고 잘생김'이 유리하다는 유의미한 연구결과는 아직 없다(그 둘은 엄밀히 다르다). 그러나 좋은 인상 뿐 아니라 잘생긴 외모가 인기와 성공에 도움이 된다는 점은 실험과 통계를 내보지 않아도 알 수 있다. 오세훈 전 서울시장은 상당히 잘생긴 사람인데 변호사

시절 TV에 많이 출연했고, 정치인이 되는데 발판이 되었다. 미국에서도 잘생긴 배우가 정치인이 되는 경우가 종종 있다.

'잘생김'의 정의는 모호하다. 심리학에서는 '전형적으로 예쁜 얼굴'이 있다고 하지만, 잘생김의 폭은 넓다. 지적인 스타일로 잘생길 수도 있고, 귀여운 스타일, 터프한 스타일 등 스타일이 다양하다. 그들에게 공통적으로 잘생긴 부분은 주목도를 높여서 유리한 작용을 한다. 그리고 그들의 세부적인 스타일은 상황에 따라 다르게 작용할 수 있다. 정치인을 뽑는 선거에서는 단지 섹시한 스타일의 잘생김보다는 지적인 스타일의 잘생김이 유리할 것이다(지적임도 섹시함에 포함될지는 모르지만). 문재인 대통령의 외모가 이에 가깝다. 혹은 정직해 보이는 인상, 착해 보이는 인상도 유리하다. 잘생겼더라도 그 자리에 맞지 않아 보이는 외모(인상)라면 장점이 없거나 (그 방면에서는) 단점이 될 수 있다.

지구는 20대를 중심으로 돈다

누군가에게는 서글픈 사실일 수 있겠지만, 예쁘고 잘생긴 얼굴만큼 '젊음' 또한 중요한 요소다. 젊어 보이는 것 역시 외모로 인해 발생하는 권력의 한 종류로, 우리는 나이보다 젊은 인상을 가진 상대를 만나면 '동안'이라고 칭찬한다. 단지 나이 어리다는 사실이 강점으로 작용하는 경우도 있다. 단지 10대 후반에서 20대 초중반 정도의 연령이라는 점만으로도 연예계에서는 이득을 얻을 수 있다. 그래서 연예인들은 나이를 먹을수록 불안하고 걱정이 많아진다.

젊음은 왜 그렇게 큰 선호의 대상이 되었을까? 당연한 말이지만 성적인 능력에서 강점이 있다. 성적인 면은 인기의 많은 부분을 차지하기 때문에, 우리는 젊음과 젊어 보임을 바란다.

젊은 세대가 트렌드를 주도한다는 점도 중요한 이유이다. 지식이나 권위를 얻기 위해서는 젊은이가 나이 많은 사람을 따라하지만, 인기를 얻기 위해서는 나이 많은 사람이 젊은이를 따라한다. 그 반대는 좀처럼 일어나지 않는다. 다시 말해 나이가 많아도 젊은이처럼 행동하면 인기가 높아진다.

젊은이들이 돈이 많지도 않으면서 트렌드를 주도하는 이유는 첫째로 기성세대와 다르게 살려는 생각을 가지고 있기 때문에 새로움을 찾으려 하고, 둘째로는 미혼인 경우가 많으므로 육아나 집 등 고정적인 비용이 적고 자신을 위해 돈을 쓴다는 점이다.

미혼이라는 자체도 유리하게 작용한다. 미혼은 자유롭게 사랑할 수 있기 때문에 많은 사람들에게 기회가 있고, 인기가 높아진다. 꼭 젊지 않더라도 미혼이라고 하면 이러한 효과를 누릴 수 있는데, 연예인들이 결혼이나 연애 사실을 종종 드러내지 않는 것도 이러한 맥락에서 이해할 수 있다.

'칸'에서 상을 받는다고 영화가 재미있어지지는 않지만…

칸의 후광을 입은 영화 〈기생충〉

명문대 학벌 같은 것이 권위를 가지는 일은 옛 이야기가 되었다고 했지만, 그럼에도 여전히 누군가를 돋보이게 하는 역할을 한다는 점은 부인할 수 없다. 배우 김태희를 떠올려보자. 외모만으로 '대한민국 최고의 미녀'라는 타이틀을 거머쥘 수 있는 그에게 언제나 따라다니는 수식어가 '서울대 출신'이라는 말이다. 참고로 '권위'는 경쟁대상에 비해 높은 등급^{수준}을 공식적 또는 대중적으로 인정받을 때 생긴다.

학벌 외에도 각종 상이 비슷한 역할을 한다. 다양한 영화제가 있지만 그 중에 '권위 있는' 영화제가 있다. 세계적으로 권위 있는 영화제인 칸 국제영화제에서 가장 큰 상인 황금종려상을 받은 〈기생충〉과 감독 봉준

호는 큰 권위를 부여받는다. 노벨상의 권위도 수상자의 권위를 높인다. 정부에서 모범음식점으로 지정한 식당도 그 권위로 인해서 찾는 사람이 많아지고 인기가 높아진다. 권위를 부여받은 대상은 인기가 높아진다.

우리가 권위 있는 대상을 좋아하고 더 많이 찾는 이유는 '신뢰' 때문인데, 특히 '실력', '알맹이'와 관련이 깊다. 권위 있는 영화제는 영화의 자극적 인기요소, 즉 껍데기로 영화를 평가하지 않는다. 영화의 예술성과 작품성, 감독의 역량 등 영화의 알맹이로 판단한다. 어떤 대상의 알맹이는 파악하기 쉽지 않고, 전문가들은 일반인보다 알맹이에 대해 더 잘 안다. 우리가 의사의 말을 믿는 것도 그 때문이다. 우리는 제품의 알맹이를 알기 위해 흔히 전문가의 판단을 참조하게 되는데, 그것이 권위가 인기를 높이는 이유다. 다만 언제나 정확하지는 않다. 서울대가 권위가 있다고 해서 서울대 출신이 모두 실력이 뛰어나다는 보장은 없다. 권위에 대한 신뢰는 실력^{본질}을 판별할 다른 방법이 없을 때 발생한다.

'상'은 광고하라고 주는 것이다

권위는 어떤 대상의 실력과 본질을 알기 위한 한 방편이다. 능력이 부족한 우리들은 전문가에게 그걸 위임하고 전문가의 말을 따른다. 우리가 그 말을 따르는 행위가 권위에 따르는 행위다. 문제는, 여기서 권위와 본질을 동일시 여기게 되기 쉽다는 점이다. 학벌에 대한 과도한 신뢰도 거기서 나타난다.

한 인간이나 제품이 권위를 가지고 있다고 해보자. 어떤 권위 있는 상을 받았다고 해보자. 그 상은 그 인간 혹은 제품의 알맹이인가? 껍데기인가? 알맹이와 혼동할 수 있지만, 정확히 말하면 껍데기이다. 왜냐하면 권위는 알맹이를 전혀 변화시키지 않고 인기를 높이는 '부가적' 요소이기 때문이다.

미스코리아가 되기 전이나 후나 참가자의 외모는 그대로이고, 어떤 기술자가 자격증을 취득했다고 해도 실력이 늘거나 줄지는 않는다. 상이나 자격증, 학벌과 같은 권위는 많은 사람들을 '유인'하는 기능을 한다. 그 기능은 필요하다. 왜냐하면 좋은 제품을 사람들에게 알릴 필요가 있기 때문이다. 그리고 좋은 제품을 만든데 대한 칭찬도 필요하다. 즉 권위는 일종의 홍보 장치다. 권위는 한 사람의 '간판'이 되고, 간판은 홍보물이다. 홍보는 앞에서 설명했듯이 알맹이가 아니라 껍데기다. 껍데기가 나쁘지만은 않다고 하는 이유 중 하나다.

다만 우리는 한 대상이 가진 권위가 '알맹이가 투영된 것'이라 믿음으로써, 단지 껍데기라는 생각을 안 하게 된다. 하지만 알맹이가 얼마나 잘 투영되었는지는 따져 봐야할 문제다. 권위는 종종 사람들을 속인다. 전문가의 실수나 악의로 인해 피해를 보는 경우는 흔하다. 최근에 치명적인 사례로 가습기 살균제 사태가 있다. 정부 관리들과 화학용품을 연구하는 전문가들은 실수 혹은 악의적으로 그 제품을 판매하고 홍보하는 걸 허용했다. 비전문가인 우리들은 괜찮다는 말을 믿고 소비했고, 수많은 사람들이 사망했다.

각자도생의 시대

가습기 살균제 사태와 세월호 참사의 충격은 권위에 대한 신뢰의 상실을 가속화시켰다. 사람들은 권위에 대한 의심이 커졌고, 권위는 더 빠른 속도로 사회에서 사라졌다. 사람들은 이제 권위보다는 자신의 판단에 따라 행동하고 살 길을 찾는 '각자도생'을 하기 시작했다.

삭막하고 불행한 일처럼 들리지만, 권위의 감소는 현대에 사람들이 똑똑해지면서 필연적으로 나타날 수밖에 없는 일이다. 앞에서 말했듯, 권위는 자신이 '부족할 때', 더 똑똑한 전문가를 믿고 따르는 것이기 때문이다. 예를 들어 고양이를 키우는 사람이 자신의 고양이의 건강을 위해서 어떤 음식을 주는 것이 좋은지를 모를 때, '고양이 전문가'의 말을 따를 수 있다. 그런데 그가 인터넷이나 책으로 공부를 해서 고양이 전문가와 근접할 정도로 똑똑해졌다면 전문가에게 물어볼 필요가 없다. 자신이 전문가가 하는 일을 할 수 있기 때문이다. 그때 고양이 전문가의 권위는 가치가 없고 사라지게 된다. 이렇게 권위는 자신의 실력, 안목 같은 자신이 믿는 대체제가 생기면 사라진다.

각자도생의 위기의식은 자신이 더 똑똑해져야 한다는 의식을 강화시켰다. 그리고 인터넷과 스마트폰, 유튜브의 수많은 교육 영상들로 인해 똑똑해지기 쉬운 인프라가 깔렸다. 요즘에는 자신이 처방받은 약이 어떠한 것인지 환자 스스로 인터넷으로 검색해본다.

　정치 권위의 감소도 마찬가지다. 사람들이 고위직의 말에 단지 따르려 하지 않고 참여하려는 이유는 똑똑해졌기 때문이다. 밀실에서 독단적으로 행하는 정치는 더 이상 통하지 않는다. 세부적 방식의 문제가 있을 뿐 국민 참여의 증가는 당연한 일이다.

　한편으로 많은 사람들은 권위의 감소, 해체를 두려워한다. 비전문가가 어설픈 지식으로 잘못된 길을 택할 수 있다는 점이 문제다. 예를 들어 사이비 과학이 판을 치거나 포퓰리즘으로 잘못된 정책을 택할 수 있다는 것이다. 포스트모더니즘에 대한 비판이 이래서 발생한다.

　하지만 나는 큰 흐름에서 걱정할 필요가 없다고 본다. 권위가 감소된다고 해도 완전히 사라지지는 않다. 사람들이 똑똑해진다는 건 불필요한 권위가 사라지고 필요한 권위는 인정함을 의미한다. 무지하면 필요한 권위도 인정하지 않는다. 예를 들어 대학교를 졸업하고 자신이 그 전공에서 전문가와 다를 바 없다고 착각할 수도 있지만, 대학원 수업을 들어보고 논문을 보게 되면 전문가의 수준은 다르다는 걸 알게 된다. 즉 오히려 많이 알게 되면 각 분야의 전문가의 실력을 인정하게 된다. 우리가 모든 분야에서 전문가 수준이 될 수는 없다. 모르는 분야는 전문가와 권위를 인정하게 된다.

그래서 권위의 존재는 도덕적으로 나쁘지 않으며, 아무리 감소되더라도 결코 사라질 수는 없다. 그리고 (남아 있는) 권위는 개인을 홍보하고 인기를 모으는데 유용하게 작용할 것이다. 노력을 통한 실력의 증가는 권위와 무관하게 존재할 수도 있지만 권위라는 타이틀을 얻는 통로가 된다. 실력을 높이려는 본질적 목적이 그런 간판과 타이틀을 얻으려는 것은 아니지만, 자신에게 필요한 껍데기부분을 강화시키려는 목적이라면 간판을 따고 권위를 얻기 위해 노력할 필요도 있다.

5장

마이웨이를
고집하는 당신에게

'아싸'가
편하다는 사람들

스스로를 아웃사이더로 지칭하다

인사이더^{insider}의 줄임말인 '인싸'와 아웃사이더^{outsider}의 줄임말인 '아싸'는 꽤 오래전부터 젊은 세대에게 흔히 사용되고 있는 단어였다. 그런데 2018년을 기점으로 갑자기 인싸 열풍이 퍼지고 있다. '갑분싸^{갑자기 분위기가 싸늘해진다는 뜻}'나 '귀염뽀짝^{매우 귀여운 것을 보았을 때 쓰는 말}' 같은 신조어를 가리키며 "이거 알면 인싸"라고 말하고, SNS에서는 '인싸춤'을 추는 영상이 떠돌아다닌다. '롱패딩'처럼 트렌드에 맞는 제품을 보면 '나를 인싸로 만들어주는 아이템'이라는 의미를 담아 '인싸템'이라 부른다. (인싸템을 갖고 싶다는 심리는 제품 홍보에 적극적으로 이용되기도 한다.)

인싸가 되고 싶다는 말은 곧 '인기 있는 사람이 되고 싶다'는 뜻이다.

인싸 열풍은 오늘날을 설명하는 중요한 트렌드지만 2019년을 겨냥한 다양한 트렌드 예측서들에서는 아예 빠져있거나 설명하지 않고 넘어가고 있다. 왜 그럴까? 현재 우리가 쓰고 있는 아싸와 인싸의 의미를 이해한다면 그 이유를 이해할 수 있게 된다.

인사이더와 아웃사이더의 사전적 의미는 '내부인'과 '외부인'이지만 우리는 일상에서 조금 다른 뜻으로 활용하고 있다. 내가 그 단어를 처음 들었던 때는 대학 신입생이던 1998년이었다. 철학과의 한 선배가 나와 동기 한 명을 학교 근처의 자취방으로 데려갔고, 그 곳에서 밥을 시켜 먹으면서 대화를 했다. 어떤 이야기를 나눴는지 기억은 잘 나지 않지만 한 가지 분명한 사실은 내가 그때 처음으로 '아웃사이더'라는 말을 들었다는 점이다. 아마도 선배가 스스로를 가리키며 "나는 아웃사이더라 학과 행사에서 눈에 잘 띄지 않는다"는 식으로 표현했던 것 같다.

당시 선배가 아웃사이더를 어떤 뜻으로 말했는지 대강 짐작할 수 있었고 이는 신선한 단어 사용법으로 느껴졌다. 더구나 자신이 아웃사이더라고 스스로 밝혔다는 점 때문에 기억에 강하게 남았다. 아웃사이더는 의미상 친구가 적고 외로운 사람일 텐데, 선배는 별로 부끄러워하지 않는 모습이었다.

이렇듯 인사이더와 아웃사이더라는 단어는 적어도 1990년대 후반부터 우리나라에서 점차 쓰이게 된 것으로 보인다. 어쩌면 대학 내에서는 그 전부터 퍼져 있던 말인지도 모르지만, 1990년대 말 인터넷이 발달하면서 (주로 인사이더보다는) 아웃사이더라는 말이 온라인을 통해 확산되기 시작했다.

인사이더와 아웃사이더는 본래의 뜻에서 변형되고 확장되어 어떤 그룹 내에서 주류에 속하는 사람인지, 비주류에 속하는 사람인지를 일컫는 용어가 되었다. 특히 주류 중에서도 '더욱 핵심적인 주류'는 더욱 완벽한 인사이더가 되는데, 요즘 말로 '핵인싸'라 불린다.

인싸와 아싸는 다른 사람과 얼마나 친밀하게 지내며 교류하는지를 통해 구별할 수 있다. 다수와 친근하게 지내며 활발히 교류하는 사람, 즉 네트워크의 중심축이 되는 사람이 바로 인사이더다. 아웃사이더는 타인과 연결되는 일이 적고 중심에서 동떨어져 있다. 쉽게 말해서 친구에게 인기가 많은 사람이 인사이더라면 주로 혼자 다니는 사람, 찾는 이가 적은 사람, 혹은 따돌림의 대상이 되는 사람은 아웃사이더다.

인간을 두고 '사회적 동물'이라고 표현한다. 인간은 다른 인간과의 교류 속에서 살아가기 때문이다. 만일 내가 생존에 유리한 기술이나 특성을 가졌다면 다른 사람들이 나를 자주 찾을 것이다. 또한 다른 사람이 나를 자주 찾는다면 나 역시 그들의 도움을 쉽게 받을 수 있으니 내가 생존해나가는 데도 이롭다. 인간이 본능적으로 인기를 원하는 까닭이 여기에 있다.

밥은 혼자 먹으면서 '인싸'가 되고 싶다고?

그런데 가만히 생각해보면 최근의 인싸 붐은 어딘지 어색하게 느껴진다. 요즘의 트렌드가 무엇인가. 개인주의의 심화, 혼밥^{혼자 밥을 먹는 일}, 1인 가구의 증가, 덕후^{오타쿠, 즉 특정한 취미에 몰두하는 사람} 문화처럼 조직과 단체에서 분리된 단독 생활이다. 이 생활 패턴은 인싸보다는 아싸의 삶에 가깝다. 그러니 인싸 붐은 요즘의 메가트렌드와 모순되는 듯이 보인다. 많은 트렌드 연구소가 인싸 열풍을 이해하기 어려워하거나 놓치고 있는 이유도 이와 무관하지 않을 것이다.

하지만 인싸 붐은 개인화라는 메가트렌드와 모순되지 않는다. 우리는 인사이더이면서 동시에 아웃사이더일 수 있기 때문이다. 소설가 이외수의 경우를 생각해보자. 한때 그는 대중에게 가장 인기 있는 소설가였다. 그의 책은 베스트셀러에 올랐고, 여러 언론 매체와 인터뷰했으며, 전국에서 특강을 열었다. 지금 개념으로 보면 '핵인싸'다. 하지만 동시에 그는 문단에서 외면받는 아웃사이더였다. 불특정 다수에게는 인사이더였지만 닫혀 있는 네트워크 속에서는 아웃사이더인 사례다.

인사이더를 단지 '친구가 많은 사람'으로 정의할 수는 없다. 인기가 많은 것과 친구가 많은 것이 서로 다른 이야기라는 사실을 잘 보여주는 사례가 또 있다. 바로 연예인이다. 가수 아이유의 공식 팬카페에는 23만 명이 넘는 회원이 가입해 있고, 아이유의 인스타그램에는 7백만 명 이상이 팔로우하고 있다. 하지만 수십에서 수백만 명의 팬이 모두 아이유의 사적 친구인지 묻는다면, 그렇지 않을 것이다. 인기는 불특정 다수에게서도 얻을 수 있는 반면 교우 관계는 불특정 인물과 맺을 수 없다.

자, 이제 인사이더를 새롭게 정의해보자. 앞서 '친근하게 지내며 교류하는 사람이 많을수록 인사이더'라고 한 바 있다. 하지만 인터넷 시대로 접어들며 누구나 불특정 다수, 즉 대중으로부터 인기를 얻는 것이 가능해졌다. 그러니 인사이더는 다만 '인기가 많은 사람'이라고 해도 큰 무리 없다. 인기는 친구보다 더 넓은 개념이고, 친구가 많다면 그만큼 인기가 많음을 함의하기 때문에 그렇다.

SNS를 통해 불특정 다수와 교류하는 것도 이런 맥락에서 읽을 수 있다. 이는 학교나 직장처럼 닫혀 있는 그룹을 넘어 무한히 확장되는 인간관계 속에서 '인싸'가 되기 위한 노력이다.

인싸 붐이 일어나는 이유는 사람들, 특히 젊은 사람들이 다수에게 인기를 얻기 바란다는 점에서 찾을 수 있다. 혼밥을 즐기고 소수의 친구와 시간을 보내지만 동시에 더 많은 사람으로부터 관심과 주목을 받고 싶은 욕망이다. 게다가 인사이더가 되는 것에는 특별한 혜택이 따른다. 내가 원하기만 한다면 새로운 사람과 쉽게 가까워질 수 있고, 평소에는 접근하기 어려웠던 세계에 발을 들여놓을 수도 있다.

나는 인기를 바라는 사람들을 위해 이 책을 썼다. 그런데 어떤 사람들은 성공을 바라면서 그것의 실체가 '인기'라는 사실조차 깨닫지 못한다. 그러면서 인기는 한갓 많은 이성이 따라붙는 현상이나 주변 사람들이 사적으로 친해지고 싶어하는 상태, 혹은 '꼼수'라고 생각하기도 한다.

하지만 인기는 그렇게 편협하고 협소한 개념이 아니다. 이런 인기는 지금 시대에 맞지 않는 구시대적 관념이다. 인기가 무엇인지, 어떻게 얻어야 하는지 잘못 이해하면 인기를 얻지 못하고 결국은 성공도 얻지 못한다.

특히 현대 사회에서는 인기가 성공의 대부분을 결정짓는다. 심지어 정치권력을 잡는 방식도 인기에서 시작한다. 과거에는 학력이나 전문성을 통해 권위를 누릴 수 있었다. 그러나 오늘날 권위는 해체되었고 그 빈자리를 인기가 대체하게 되었다.

이런 사실을 일찌감치 눈치 챈 사람들은 인기에 더욱 목매달고 있다. 반면에 과거의 사고방식이 굳어진 기성세대는 인기에 대한 편견 때문에 인기가 얼마나 중요한지를 잘 파악하지 못한다. 자, 이제 우리는 성공의 앞길을 가로막는 잘못된 고정관념을 하나 해소했다. 우리가 바라는 목표란 사실은 '인기를 얻는 것'이었다는 점이다.

세상이 알아봐줄 때를 기다리며

인사이더가 '인기 있는 사람'이라면 아웃사이더는 '인기 없는 사람'이다. 그런데 아웃사이더는 부정적 의미로만 사용되지 않는다. 《표준국

어대사전》은 아웃사이더를 '사회의 기성 틀에서 벗어나서 독자적인 사상을 지니고 행동하는 사람'이라고 설명한다. 나에게 처음으로 아웃사이더라는 말을 들려준 선배가 부끄러워하지 않았던 이유도 이 때문일 것이다. 아웃사이더는 '왕따'처럼 타의에 의해서 만들어질 수도 있지만 자신의 신념이나 의지에 따라 자발적으로 선택한 결과일 수도 있다. 자발적 아웃사이더는 기존의 주류를 답습하지 않고 새로움을 꿈꾼다. 그들은 당장 외롭고 고독하지만 사회 발전의 동력으로 작용하기도 한다.

자발적 아웃사이더 중 한 사람으로 조르다노 브루노^{Giordano Bruno}를 꼽을 수 있다. 서슬 퍼런 교회 권력이 지배하던 중세 시대에 그는 지구가 태양 주위를 돈다는 지동설을 지지했다. 천동설을 믿던 당시 주류층은 브루노에게 생각을 바꾸라고 강요했지만, 그는 자신의 신념을 끝까지 지키다가 결국 화형에 처해졌다.

그렇다면 인사이더를 꿈꾸는 행위는 주류에 영합하려는 이해타산적인 태도일까? 그렇지 않다. 자발적 아웃사이더도 인사이더를 희망한다. 브루노도 마찬가지였을 것이다. 다만 자신이 주류에 영합하기보다는 자신의 신념이 마침내 인기를 얻어서 인사이더가 되는 장면을 그렸으리라.

때로 인기는 매우 늦게 얻어지기도 한다. 심지어 한 사람이 죽은 이후에 매우 큰 인기가 생기는 경우도 있다. 소크라테스^{Socrates}, 예수, 프리드리히 니체^{Friedrich Nietzsche}, 빈센트 반 고흐^{Vincent van Gogh}, 제임스 조이스^{James Joyce}, 윤동주 등이 그 사례다. 고흐의 작품은 그가 생존해 있을 때는 인정받지 못했으나 지금은 미술품 사상 최고 가격이 매겨진다. 20세기 문학의 전설적 명작으로 꼽히는 조이스의 작품《율리시스》는 음란하다는 이유로 그가 죽을 때까지 탄압받고 외면당했다.

이들이 만약 빠르게 인사이더가 되기를 원했다면, 주류가 인정하는 길로 들어서고 탄압받을 만한 행동은 하지 않았을 것이다. 하지만 이들은 자발적 아웃사이더가 되었고, 그러면서도 자신의 신념이 언젠가 주류가 되는 모습을 꿈꾸었을 것이다. 결국 그 바람은 뒤늦게 실현되었지만 대신 아주 긴 생명력을 얻어 역사에 남게 되었다. 결론적으로 자발적인 아웃사이더들도 인사이더를 언제까지나 거부하지는 않는다. 자신이 가진 신념 혹은 자신의 작품이 언젠가는 인기 있기를 바랄 뿐이다.

"유명인의 삶이란
외로울 뿐이죠"

유명인사들의 한결같은 인터뷰

인기를 얻으면 행복해질까?《모두가 인기를 원한다》를 쓴 미국의 심리학 교수 미치 프린스틴은 인기를 얻으면 행복해지기도 하지만 종합적으로 보면 그다지 행복하지 않다고 말한다. 그는 그 근거로 유명인사들이 인터뷰에서 불행함을 고백했다는 사실을 든다. 또한 학창 시절 인기가 많던 아이들이 성인이 되고나서 불행해지는 경우가 많다는 사례도 제시한다.

하지만 인기가 많은 사람은 학창 시절이건 성인이 되어서건 매우 행복할 가능성이 높다. 돈, 권력, 명예, 권위 등 다른 경쟁 요소와 비교해도 인기와 행복의 상관관계가 무척 클 것이라는 점을 추론해볼 수 있는 연구 결과가 있다. 행복에 관한 심리학을 연구하는 서은국 교수가 쓴 《행복의 기원》을 살펴보자. 이 책은 결론적으로 행복과 상관관계가 가장 큰 요인으로 외향적 성격이나 활발한 대인관계를 꼽고 있다. 돈이나 권력은 그에 비해 상관관계가 떨어졌다.

외향적 성격, 활발한 대인관계는 인기와 상관관계가 크다. (그렇다고 외향적인 사람만 인기가 있는 것은 아니다. 내성적인 사람도 인기를 얻을 수 있고 인기를 통해 행복해질 수 있다.) 심리학에서는 성격적 특징으로 파악해서 주로 외향적 성격이라고 분석하지만, 현상적으로 보면 인기가 행복을 만든다. 유명 인사들의 인터뷰를 근거로 들며 '인기가 많은 사람이 그다지 행복하지 않다'고 주장하는 몇몇 심리학자의 이야기는 인기를 추구하는 사람들이 흔히 가지는 불안 등 심리적 부작용 때문이다. 게다가 인기 없는 사람들에게 위안을 주기 위해 불행을 부풀린 것 같기도 하다. 대체로 인기는 큰 행복감을 준다.

〈트루먼쇼〉의 주인공이 되겠다니

우리는 새로운 시대에 살고 있다. 기업이나 조직이 아닌 개인이 자신의 브랜드를 구축하는 시대다. 평생직장은 사라졌고 명문대 졸업장과 전문직 자격증 역시 미래를 보장해주지 않는다. 스스로 자신을 증명할 수 있어야 하는 세상에서 우리는 무엇을 해야 할까?

사실 그 답은 모두가 이미 알고 있다. 과거에 비해 현대인이 유독 열광하고 집착하는 것은 무엇일까? 우리는 더욱 유명한 사람이 되기를, 수많은 관심을 얻기를 원한다. 그렇다. 이제는 '인기'가 성공을 좌우한다. 더 높은 곳으로 올라서기 위해서 인기가 가장 중요하다는 점을 모두가 빠르게 인지하고 받아들인다. 연예인이나 스포츠 스타만의 이야기가 아니다.

SNS에는 수많은 인플루언서^{influencer, 영향력이 있는 사람}가 있다. 이들은 네트워크를 통해 얻은 인기로 '특별한 사람'이 된다. 신제품 출시 행사에 초청받거나 기업과 컬래버레이션을 하고, 누군가는 작가로 데뷔하기도 한다. 취미로 시작한 유튜브 활동이 커지며 전업 크리에이터^{creator, 인터넷 방송 진행 또는 창작자}로 나서는 이도 있다.

유명도가 본래 직업에서의 성공을 돕기도 한다. 방송에 출연해 대중적 인지도를 쌓은 의사나 변호사를 떠올려보라. 예능 프로그램에 나왔다고 해서 의학적 전문성이나 법률가로서의 실력이 증명되지는 않지만, 사람들은 '내가 얼굴을 아는 사람'이라는 이유로 그들을 선호한다.

얼마 전 나는 어느 아이돌 그룹의 인터넷 방송을 보던 중 흥미로운 장면을 목격했다. 시청자가 댓글로 '본인이 영화 속에서 살게 된다면 어떤 영화가 좋겠는가?'라고 질문했는데 한 멤버가 "나는 〈트루먼 쇼〉에서 살고 싶다"라고 말했다.

〈트루먼 쇼〉는 트루먼이라는 사람이 실제 세상이 아니라 촬영용 세트장 속에서 살아가는 이야기다. 그의 삶은 쇼 프로그램이라는 형식을 빌려 전 세계에 전파되고 관찰된다. 이 영화가 개봉된 1998년 무렵에는 사생활이 없다는 이유에서 트루먼이 불행한 사람으로 여겨졌다. 또한 주인공은 세트장을 벗어나 진짜 삶을 찾아나서는 모습을 보여준다.

그런데 20년이 지난 지금, 우리는 스스로 트루먼이 되려고 한다. 사생활을 침해당하거나 거짓된 환경 속에서 살게 된다는 점은 문제가 되지 않는다. 그보다는 전 세계가 나를 주목하고 좋아해준다는 사실만이 남았고, 많은 사람은 그 달콤함을 꿈꾼다. 수많은 인터넷 방송이 개인의 일상생활을 실시간으로 중계하고 있다. 우리는 트루먼이 되거나 혹은 그의 시청자가 된다.

재벌 가문을 배경으로 한 한국 영화 〈돈의 맛〉에서는 모두가 돈이 최고라 말하고, 미국 정치드라마 〈하우스 오브 카드House of Cards〉에서는 돈보다 권력이 더 낫다고 평한다. 하지만 앞으로 등장할 영화에서는 등장인물이 돈이나 권력보다 인기가 더 좋다고 말할 것이다.

돈과 권력은 전통적으로 잘 알려진 성취 목표인 반면 인기는 현대에 들어서 급격히 부상한 성취 목표다. 돈과 권력이 주는 이득은 과거에 비해 줄어들었다. 경제 수준이 전반적으로 향상되면서 악착같이 더 벌기보다는 여가와 휴식을 누리려는 욕구가 커졌다. 더구나 인기는 돈과 권력도 지배한다.

인기는 돈을 버는 가장 유력한 방식이다. 이는 기업을 통해서도 확인할 수 있다. 같은 스마트폰이지만 누군가는 '아이폰'을 누군가는 '갤럭시'를 선호한다. 라면 시장에서도 '신라면'과 '진라면'은 고객의 마음을 얻기 위해 대결하고 있다. 많은 사람이 찾고, 사랑하고, 선택한다면 이것이 곧 인기다. 기업조차 매출의 대부분이 인기에서 나온다.

권력과 권위의 시대는 저물었다

인기는 돈이 되고, 힘과 영향력이 된다. 이런 점에서 인기는 권력이나 권위와 얼핏 비슷해 보인다. 또한 인기를 얻은 사람이 선거를 통해 권력을 가질 수도 있다. 하지만 인기와 권력은 엄밀히 다르며, 인기가 현대에 부상한 핵심 요소라면 권력은 저무는 요소다.

권력은 일반적으로 하위자를 통제할 수 있는 힘을 지칭하고, 하위자를 통제하는 등 다양한 권한을 가질 수 있는 명분이나 자격을 권위라 부른다. 그런데 최근 우리나라뿐만 아니라 세계 곳곳에서 권력과 권위의 영향력이 줄어들고 있다. 2013년, 미국의 저명한 정치학자 모이제스 나임Moises Naim 은 《권력의 종말》이라는 책에서 '전 세계에 걸쳐 정치인과 행정가의 권력이 대폭 줄어들었음'을 설명했다. 또한 기업가와 문화계 고위인사의 권력 역시 감소했다고 한다.

과거에는 권력자와 권위자, 즉 소위 고위직이 마음대로 할 수 있는 일이 많았다. 과거 권위주의 시대에 고위직에 대한 견제장치는 미비했고, 그들은 많은 다양한 이득을 누렸다. '갑질'이라는 용어와 부정적 개념이 생긴 것은 최근의 일이다. 하지만 이제는 갑질을 거부하는 시대가 되었고 고위직이라도 마음대로 처신할 수 없게 되며 사적 이득이 매우 적어졌다.

1990년대 어린이의 장래 희망은 대통령이었지만, 최근에는 연예인과 운동선수, 심지어 유튜버가 그 자리를 대신한다. 더구나 요즘은 대통령마저 인기를 통해 선출되는 경우가 발생한다. 정치에서 일어나는 포퓰리즘은 세계적 트렌드다. 정치와 인기의 경계는 사라졌고, 사실상 구분할 수 없다.

권력과 권위의 가치가 추락하고 인기가 부상한 것은 매우 최근의 일이다. 과거에는 인기로 인해 얻게 되는 이득을 폄하하거나 과소평가하는 분위기가 컸다. 전통적인 의미에서 '인기가 있다'는 말은 친구를 많이 사귈 수 있거나 매력적인 이성과 잘 사귈 수 있다는 뜻으로 통용되었다. 과거에 권력과 권위, 그리고 돈을 얻기 위해서 과거에는 인기와 무관한 노력을 했다. 공부를 하거나 기술을 습득했고 혹은 '높은 분'에게 잘 보이도록 처세술을 갈고닦았다.

하지만 이제는 특정 인물의 눈에 들기보다는 '많은 사람'의 호감과 선택을 얻어야 한다. 자본주의 사회에서 제품을 많이 팔아 매출을 늘리는 일도 사실은 인기의 영역이다. 대중을 상대로 하는 대부분의 기업은 권력이나 권위를 얻기 위해 일하지 않고 인기를 얻기 위해 일한다. 그래야 돈을 벌고 직원들에게 월급을 줄 수 있다. 식당, 슈퍼마켓, 문구점 같은 자영업도 마찬가지다. 대부분의 프리랜서와 직장인도 마찬가지다. 그들의 성공에 인기가 핵심인데도 인기에 대해 깊이 생각해보지 않고 사적 관계로만 보거나 터부시한다면 성공에 커다란 장애물로 작용하게 된다.

한 번 비호감은 영원한 비호감?

사라진 먹방계의 샛별

여기 한 사람이 있다. 그는 무척 잘생기고 똑똑하며 유머 능력이 뛰어나다. 그런데 그는 무인도에 홀로 살고 있다. 그를 아는 타인은 없다. 그렇다면 그는 인기 있는 사람이 될 수 있을까? 불가능하다. 인기는 사람들이 알아주고 실제로 좋아해줄 때에만 발생한다. 그에게 아무리 뛰어난 점이 있어도, 자기계발을 잘해도, 능력이 뛰어나도 타인에게 알려지지 않으면 인기는 없다.

인기가 나의 바깥에서 형성된다는 사실은 때로 비극이다. 능력과 인기는 반드시 일치하지 않는다. 속 내용물은 관찰되기 어렵고, 포장과 광고는 사람을 속일 수 있다. 유튜브 썸네일^{동영상의 표지}을 호기심이 유발되도록 잘 만들면 시청자 수가 크게 늘어난다. 하지만 정작 들어가 보면 내용은 기대에 못 미치는 경우가 종종 있다.

그런데 인기를 얻으려면 광고나 홍보가 필수적이다. 인기 있는 사람이 되기 위해서는 먼저 사람들이 '나'를 인지해야만 한다. 사람들이 좋아할지 싫어할지에 따라 인기가 결정되지만, '나'라는 사람이 있는지조차 모르면 평가의 기회조차 얻을 수 없다. 광고와 홍보의 일차적 목적은 '내가 존재함'을 인지시키는 일이다.

인기가 외부에서 오기 때문에 발생하는 비극이 또 있다. 인기는 고정된 것이 아니다. 심지어 내가 똑같은 모습이어도 인기가 변할 수 있다. 인기는 다른 사람들의 생각이나 감정 변화에 의해 바뀌는 경우가 많고, 심지어 단지 우연이나 천재지변에 의해 변하기도 하다. 알려지지 않아서 인기가 없던 것이 자기도 모르는 사이에 알려지면서 인기를 얻기도 한다. 한 대상의 인기는 예측하기 어렵고, 예측하기 어렵게 바뀔 수 있다.

한 뚱뚱한 청년이 우연히 TV에 출연했다. 그는 '많이 먹는 사람'으로 알려지며 갑작스럽게 큰 인기를 얻게 되었다. 사람들은 그가 인터넷 먹방^{먹는 모습을 중계하는 방송}을 하면 인기를 얻을 것이라고 예상했고, 그는 인터넷 개인 방송을 시작했다.

초반에는 어느 정도 호응을 얻었다. 그런데 이상하게도 점점 안티가 늘어났다. 악플도 점점 많아졌다. 나중에는 팬보다 훨씬 많은 사람이 비난과 조롱을 하기 위해 그를 찾았다. 어떤 네티즌들은 사소한 꼬투리를 잡아서 저주에 가까운 심한 말을 퍼부었다. 시청자들이 합심해서 괴롭히는 분위기였다.

사실 그는 방송이 조금 서툴 뿐, 욕을 먹을 만한 일을 하지는 않았다. 그는 쏟아지는 악플이 두려워 방송을 오랫동안 중단하고 있다. 아마도 그는 자신이 '인기 없는 사람'이라고 생각했을 것이다. 한 번 찍히면 회복하기 어렵다고 생각할 것이다.

하지만 그렇지 않다. 꿋꿋하게 버티고 계속 방송하면서 실력을 조금씩 키워간다면 안티와 악플은 사라질 수 있다. 꿋꿋하게 버틴다는 점도 호감을 증가시킨다. '인내'와 '성실성'의 덕목이 관찰되기 때문이다. 하지만 그는 자신의 인기 상태가 확정적이라고 생각하고 있는 것 같다. 확정적이라는 말은 과거에 종결된 사건에나 붙일 수 있다. 앞으로의 인기에 확정은 없다.

그룹 H.O.T 출신 가수 문희준은 과거 아이돌 출신이 록 음악을 한다는 이유로 과도한 악플 공격을 받았다. 큰 잘못을 하지도 않았지만 분위기에 휩쓸려서 안티와 악플은 눈덩이처럼 불어났다. 그러나 대응을 자제하고 꿋꿋이 버틴 결과 '문보살'이라는 칭호를 얻으며 악플이 결국 사라지고 인기가 올라갔다.

한 사람이나 대상에게는 그의 인기를 결정하는 변치 않는 꼬리표가 붙어 있지 않다. 사람들의 마음은 언제나 변할 수 있다. 그 변화를 자신에게 유리하게 만들려면 자신이 바뀔 수도 있고 자신이 그대로라도 환경을 바꿀 수도 있다. 아니면 그저 꿋꿋이 자신의 길을 가면서 버틸 수도 있다.

성공은 예단할 수 없다

인기는 예측하기가 어렵다. 갑자기 생길수도 있고 한 순간에 사라질 수도 있다. 종종 그 이유를 알기 어려운 경우도 있다. '하루아침에 유명해졌다'라는 말은 인기의 특징을 잘 보여준다. 가수 싸이의 〈강남스타일〉이 유튜브 최고 조회 수를 경신하고 전 세계에서 폭발적 인기를 얻게 된다는 사실은 싸이를 포함해서 어느 누구도 예상하지 못했다.

BTS도 세계적으로 뜨기 전까지는 우리나라 최고의 아이돌 그룹이라고 단정하기 어려웠다. 인기가 높은 편이기는 했지만 엑소 등 쟁쟁한 혹은 우세한 경쟁 그룹이 있었다. 하지만 방탄소년단의 노래가 미국 '빌보드 200' 차트에서 1위를 하는 예상치 못한 일이 일어났고, 그 후 국내 인기가 더 높아졌다.

증권가에서 일어나는 주식 매수도 일종의 인기라 할 수 있는데, 몇몇 벤처기업이 상장을 하거나 하루아침에 주가가 급등해서 '대박'이 나는 경우가 종종 있다. 예술품도 경매를 통해 예상을 뛰어넘는 어마어마한 가격에 팔린다. 높은 경매 가격은 높은 인기를 의미한다.

'대박'이라는 말은 일상에서 매우 흔히 쓰이는데, 갑작스러운 큰 성공을 뜻할 경우가 많다. 인기의 특징은 '대박'이 가능하다는 점이다. 인기는 빠른 성공을 가능케 한다. 빠른 성공, 즉 빠른 부와 명예, 권력은 대개 인기를 얻음으로써 가능하다. 그게 아닌 느린 성공의 예는 회사에서 차근차근 승진해 나가거나, 돈을 차곡차곡 모으거나, 어떤 분야에서 점진적으로 명성과 평판을 쌓아나가서 높은 수준의 장인이나 장인 같은 전문가에 이르는 방법이 있다. 그래서 젊은 나이에 커다란 성공을 하거나 한순간에 인생 역전을 하고 싶다면, 로또나 투기가 아닌 이상 대개 인기라는 방식을 꿈꾼다.

이제까지 인기에 대한 장밋빛 이야기를 했지만 물론 이런 경우는 간혹 일어난다. 인기에는 명과 암이 있다. 빠른 성공도 일어나지만 빠른 하락도 일어난다. 인기가 하락하면 언제 그랬냐는 듯 사람들은 냉정하게 대하고 허무함이 밀려온다. '명예'도 갑자기 추락하는 경우가 많지만 명예는 추락의 이유가 명확한 반면, 인기는 추락의 이유를 파악하기 힘든 경우가 상당히 많다.

명예의 추락은 음주운전, 성추행 등 주로 비도덕적 행위 때문에 일어난다. 반면에 인기는 아무 잘못을 안했어도 단지 시간이 지났다는 이유로 추락하기도 하고, 흔히 사람들의 일시적 취향과 트렌드의 변화로 추락하기도 한다. 이렇게 인기의 상승과 추락의 변동은 예측하기 어렵고 갑자기 일어날 수 있는데, 심지어 나중에 분석해보려 해도 그 정확한 원인을 찾기가 어려운 경우가 많다.

　연예인들은 인기를 많이 얻는 사람들이지만, 트렌드와 시대의 변화에 따라 대개 나중에 인기가 줄어들게 된다. 그 사람 자체는 큰 변화가 없더라도 인기가 다른 연예인에게로 옮겨가고 단지 나이가 들기 때문에 인기가 줄어드는 경우가 많다. 큰 인기를 얻었다가 하락한 사람은 마치 중독에 따른 금단 현상 같은 느낌이 들고 허무함과 자괴감을 느끼게 된다. 연예인이나 유튜버처럼 인기에 의존하는 경향이 큰 직업에서는 자연스럽게 여론에 매우 민감해진다. 여론이 곧 그들의 인기와 같기 때문이다. 하지만 여론은 매우 변화무쌍하다.

　인기 변동은 예측하기 어렵고 급변한다고 말했지만 사실 그렇지 않은 경우도 많다. 장기적으로 꾸준히 사랑받는 제품, 인물, 사상 등이 많이 있지 않은가. 물론 그 것들의 인기도 시간에 따라 변화는 있지만 변동의 폭이 크지 않거나 갑작스럽지 않다. 그 경우에는 미래 인기의 상태도 어느 정도 높은 확률로 예측할 수 있다.

　예를 들어 종교, 사상, 과학 이론 같은 것의 인기는 연예인의 인기에 비해 훨씬 안정적이고 변화가 적다. 레오나르도 다빈치$^{Leonardo\ da\ Vinci}$의 작품 〈모나리자$^{Mona\ Lisa}$〉의 인기는 수백 년 전부터 상당했고, 지금도 그러하며, 이변이 일어나지 않는 한 미래에도 그러할 것이다.

　이러한 인기는 대체로 발생도 천천히 뒤늦게 일어나는 경우가 많다. 다빈치는 〈모나리자〉를 젊은 시절이 아니라 실력이 매우 원숙해진 이후

그렸고, 그런 기간만 해도 4년이라는 설이 있다. 느리고 지속적인 인기는 하루아침에 일어나지 않는다. 오랜 노력과 시간과 공을 들였을 때 일어난다. 그래서 인기가 늦게 생기는 단점이 있지만 대신 오래간다.

아마 과학 이론, 특히 과학적 정설이 사회적으로 채택되는 현상이 인기라는 주장이 가장 납득하기 어려울 것이다. 많은 사람들은 과학적으로 증명된 이론이 한갓 인기라는 데 거부감을 느낄 수 있다. 하지만 '증명'과 '인기'는 별개일 수 있다. 증명되었더라도 인기가 많을 수 있고, 의외로 적을 수도 있다.

현대에 가장 논란이 되고 있는 문제 중 하나는 생물학적 진화론과 창조론간의 인기 경쟁이다. 과학자들은 진화론이 증명되었기 때문에 절대적으로 지지받아야 한다고 믿지만, 어쩌면 현실은 과학자들의 믿음과 다를 수 있다. 다만 합리적으로 증명된 이론이라면 이변이 없는 한 인기가 줄어들 확률은 희박하다. 왜냐하면 합리적이고 객관적인 증명은 미래에도 계속 증명되기 때문이다.

다빈치의 그림, 모차르트의 음악, 세계적으로 주요한 몇 가지 종교들, 아인슈타인의 상대성이론처럼 학계에서 인정받는 유명한 학설들, 심지어 영어나 한국어 같은 언어까지, 이것들의 인기는 굉장히 오래 유지되고 있으며, 약간의 변동이 일어나지만 상당 부분 지속적이고, 앞으로도 상당히 지속될 것임을 예상할 수 있다. 이렇게 인기는 빠르게 변동하는 것들도 있고, 느리게 변동하거나 지속적인 것들도 있다.

빠르고 단기적인 인기는 껍데기의 특징이고, 실력, 성능, 작품성 같은 알맹이는 장기적인 인기를 만들지만 오랜 시간의 노력과 실력 향상이 필요하다. 알맹이는 속에 들어 있으므로 눈에 잘 안 띄는 편인데, 나중에 눈에 띄어서 한 번에 뜨게 되는 경우도 가끔 있다. 〈미스트롯〉에서 뛰어난 가창력으로 단숨에 스타가 된 송가인의 경우가 그러하다. 그런 점에서도 인기는 예단이 어렵다.

한 가지만 잘해서는 부족하다

인기를 형성하는 구성원들에게는 각기 다른 이유가 있을 수 있다. 어느 유권자가 X 후보에게 기표하는 까닭은 다양하다. 어떤 사람은 X와 고향이 같아서 찍을 수도 있고, 어떤 사람은 그의 도덕성이나 학식을 중시할 수도 있다. X의 외모가 좋아서 찍을 수도 있다. 하지만 결과는 모두 똑같은 한 표이다. 그리고 그 양을 합하면 인기가 된다.

특정한 책을 구입하는 이유는 사람마다 제각각이며, 특정한 영화를 보러 영화관에 온 이유도 제각각, 특정한 종교를 믿는 이유도 제각각이다. 어떤 대상이 사람들에게 선호되는 이유는 매우 다양할 수 있다. 잘 살펴보면 사람들마다 약간씩 다르다.

우리가 결과적인 인기를 바랄 때에는 다양한 이유에 관계없이 자신에게 표를 주기 바란다. 대개 우리는 특별한 이유를 고집하면서 그 이유를 가진 사람만 표를 주기 바라지는 않는다. 단지 더 많은 매출과 표를 바랄 뿐이다. 심지어 그런 자세가 때에 따라 도덕적일 수도 있다.

예를 들어 식당에서 사람들을 가려가면서 받는다고 해보자. 단지 인종이 다르다고, 겉모습이 초라하다고 해서 주문을 받지 않고 들어오지도 못하게 한다면 특별한 경우를 제외하고 대개 비도덕적 행태다. 해외여행을 갔는데 현지인과 똑같은 돈을 주겠다는데도 팔지 않겠다고 하면 얼마나 속상하겠는가? 같은 돈을 낸다면 이유와 무관하게 가급적 더 많은 사람에게 더 많이 파는 게 낫고, 그 결과적 양의 증가가 인기가 된다. 인기는 결과이고 이유는 중요하지 않거나 매우 다양할 수 있다.

이런 특징 때문에 인기의 생성 과정과 메커니즘을 특정하기가 어려워 보인다. 하지만 알고 보면 보편적인 구조를 밝힐 수 있다. 왜냐하면 소비자 한 사람씩만 보면 이유가 다양하지만, 한 제품이 불특정 다수로부터 결과적으로 얻는 인기는 어떤 보편적 경향이 있기 때문이다. 다양한 현상들을 공통의 기준이나 기능적 측면에서 정리해서 앞으로 활용할 수 있다.

선택의 이유가 다양하다는 데서 한 가지 알 수 있는 점은, 인기를 높이기 위해서는 다양한 방면에서 인기를 높이는 원인들을 가지면 좋다는 것이다. 물론 한 가지에서 뛰어난 장점이 있으면 인기가 높아지지만 그걸로는 부족할 수 있다. 사람마다 중시하는 면이 다른 경우가 많고, 한 대상의 다양한 장점들을 모두 합쳐서 좋아하게 되는 경우도 많다. 예를 들어 어떤 사람이 한 방면에서 매우 특출 나지 않더라도 '다재다능함'을 보이면 그것도 매력이 된다.

그래서 다양한 방면을 계발하고 껍데기와 알맹이를 모두 계발하는 것이 가장 좋다. 부족한 부분은 보완해야 한다. 식당은 음식이 맛있어야 하고, 재료가 좋아야 하고, 인테리어가 좋아야 하고, 친절하고, 가격이 저렴해야 한다. 과거 '전문성의 시대'에는 한 가지만 잘하면 됐지만, '인기의 시대'에는 다양한 장점들이 필요하다.

정치는 결국 '인기투표'

포퓰리즘은 정말 문제일까?

누구나 1인 1표의 참정권을 가지는 민주주의. 오늘날 정치는 그야말로 대중 중심적이다. 경제에서는 돈을 지불할 수 있는 사람만 소비자가 되지만, 정치에서는 누구든 한 표를 지닌 참정권자가 된다. 그러므로 정치란 단지 불특정 다수의 지지로 결정되는 인기투표와 다를 바가 없고, 이런 체제가 유지된다면 인기의 중요성과 대중주의가 점차 더욱 심해지는 건 뻔한 일이다. 전 세계적으로 민주화가 진행되면서 정치 영역에서 포퓰리즘^{populism, 대중주의로 종종 번역됨}이 나타나고 있다. 극우파나 극좌파가 자극적인 요소로 대중을 선동해 인기를 얻기도 한다.

그렇다면 포퓰리즘은 그 자체로 부정적인 현상일까? 포퓰리즘은 정치학자들도 정확히 정의하기 어려워하는 용어인데, 감성적 선전과 선동, 쇼맨십, 연예인처럼 행동하는 것 등을 통해 인기를 얻는 현상으로 정의해보겠다. 그렇다면 대중이 좋아할 만한 요소를 많이 사용한다고 해서 모두 나쁘다고 볼 수 있을까? 포퓰리즘이 모든 경우에 부정적이라 볼 수는 없다. 실제로 어떤 정치 집단에서는 포퓰리즘을 적극 이용하자는 공개적인 주장도 종종 나타난다.

그러나 포퓰리즘이 흔히 부정적으로 취급되는 데는 이유가 있을 것이다. 포퓰리즘의 부정적인 경우란, 인기요소가 알맹이를 완전히 가려버리고 그로 인해서 알고 보면 좋지 않은 선택을 하게 될 때이다. 민주주의에서는 얼마든지 포퓰리즘이 나타날 수 있고, 종종 포퓰리즘은 폐해를 낳을 수 있다. 그 폐해는 인기요소에 현혹되어서 좋지 않은 알맹이를 좋은 것으로 착각하는 데에서 기인한다. 인기요소 안에는 알맹이가 숨겨져 있고, 인기요소는 알맹이로 유도하는 역할을 한다. 인기요소만 보고 선택하면, 그와 함께 알맹이, 즉 '실제로 일어나게 될 정책의 효과'가 뭔지도 모르고 받아들이며, 덫에 걸릴 수도 있다.

공산주의, 전체주의, 제2차 세계대전을 일으킨 나치를 지지하는 것도 이러한 과정에 의해 나타난 결과로 볼 수 있다. 철학사상가 한나 아렌트 Hannah Arendt 는 《전체주의의 기원 The Origins of Totalitarianism》에서 나치와 소련 등 전체주의 체제를 만든 큰 원인에 '폭민'이 있었음을 설명한다. 폭민은 나쁜 선전선동에 현혹되어 전체주의 체제를 지지하게 된 대중을 말한다. 국수주의적인 파시즘도 마찬가지다.

현대에도 어떤 후보가 미래나 경제 원리를 고려하지 않고 국민들이 당장 혹할 수 있는 선심성 복지정책을 대폭 늘리겠다고 말하는 경우가 있다(남미 일부 국가들의 사례가 있다). 민주국가에서 종교에 대한 폭넓은 믿음을 이용해서 신정정치를 추구하는 정당이 집권하는 사례도 포퓰리즘으로 볼 수 있다. 국민들은 인기요소에 이끌려 선택했지만, 그 안에 숨은 알맹이가 작용해서 나중에 실제 결과로 나타난다. 그러면 후회할 수도 있다.

포퓰리즘을 경계하는 목소리는 이렇게 '예기치 않은 불행'이나 '거짓말'을 방지하기 위함이다. 그런데 그다지 걱정하지 않아도 되고, 나쁘지 않은 것까지 도매금으로 포퓰리즘으로 묶어서 비판하는 경우도 있다. 포퓰리즘에 대한 비판은 민주주의에 대한 비판과 맞닿아 있다. 나쁘지 않은 대중주의, 포퓰리즘에 대해 알아보기로 하자.

민주주의에서도 권위는 필요하다

정치 분야에서 인기요소에 의한 폐해를 피하기 위해서는 어떻게 해야 할까? 어떤 이들은 대중이 직접 판단하지 말고 권위자의 말을 믿어야 한다고 주장한다. 그런데 이런 생각이 오히려 과거에 많은 폐해를 낳았다. 사람들은 권위가 인기요소껍데기라는 점을 잘 몰랐다.

심각한 피해를 불러온 20세기 전체주의가 나타난 이유는 사람들이 당시 권위를 믿었기 때문이다. 나치는 진화론이라는 고상한 학문을 이용해서 우생학을 주장하고, 인종차별주의를 실행했다. 전문가들이 동조하고 동원됐다. 블라디미르 레닌Vladimir Il'ich Lenin과 이오시프 스탈린Iosif Stalin이 신봉한 칼 마르크스Karl Marx의 사상도 과거에는 지금보다 훨씬 권위가 높았다. 사람들은 권위자, 전문가의 말이 옳을 것이라 생각하고 따랐다.

정말로 이성적인 판단은 권위를 의심하고, 가급적 따르지 않는다. 최근에 브랜드의 이름값에 의존하지 않고 가성비를 중시하는 경향은 합리적 소비이다. 논리학에서는 '권위에 호소하는 오류'라는 게 있다. 토론과 설득의 상황에서 '권위자가 그렇게 말했으니까 맞다'라는 말은 근거가 빈약하다. 왜 맞는지를 좀 더 따져봐야 한다.

이렇게 학문 분야는 권위를 의심하는 전통이 있지만, 특이하게도 정치 분야는 예로부터 권위를 긍정적으로 보는 경향이 있었다. 정치와 권위는 필수적인 연관성을 가지고 있기 때문이다. 권위는 국가 고위직처럼 사람들이 동의하는 어떤 자격을 준다. 왜냐하면 권위는 명분이 되기 때문이다. 그 명분과 자격으로 인해 어떤 일을 할 수 있다는 권한이 생긴다. 법은 권위를 가지고, 권위를 가진 것만 제대로 된 법이 될 수 있다. 그래야만 사람들에게 강제할 명분이 생긴다. 그래서 사실 정치적 대상과 행동의 대부분은 권위로 이루어져 있다. 문제는 그 권위를 어떻게 만들 것인가이다.

정치 체제는 크게 권위주의 체제와 민주주의 체제로 나눌 수 있다. 권위주의 체제의 예는 군주제^{왕정}, 신정체제^{종교 중심}, 일당독재, 군사정부가 있다. 즉 '권위'와 '권위주의'는 다르다. '권위주의'는 특정한 권위를 앞세워 강요하며, 사람들이 그 권위에 예속되는 상황이다. 이와 구분되는 민주주의체제는 권위가 없다는 뜻이 아니라, 권위가 민주적으로 결정되는 체제이다. 민주적 투표를 통해서 권위가 있는 법을 만들고, 국회의원과 대통령을 선출한다.

권위는 단지 고위층이 하위자들을 지배하기 위해 고안한 가상의 산물이 아니다. 권위는 원래 아래에서부터 자연스럽게 생겨난다. 권위는 '원칙적으로' 합의의 산물이다. 사람들은 '권위주의'는 싫어하더라도, 권위 있는 대상을 더 좋아하는 경향이 있다. 우리는 권위 있는 대상을 더 신뢰하고, 더 많이 선택한다. 자신이 정보와 능력이 부족할 때 권위를 믿거나 참조하는 일은 합리적 선택이 될 수 있다. 앞에서 '권위는 가급적 믿지 않는 것이 합리적이다'라는 말의 참뜻은 '권위주의'에 대한 비판이었지, 권위를 인정하지 않는 것은 아니다. 권위는 올바르게 만들기만 하면 구성원들에게 유익한 기능을 한다.

현대 정치학자들도 대체로 권위주의에는 반대해도 권위 자체가 나쁘다고 주장하는 사람은 없다. 토마스 홉스^{Thomas Hobbes}는 《리바이어던 ^{Leviathan}》에서 이렇게 말한다. '자연 상태에서 인간들은 각자의 이익을 최대화시키려 하고, 만인의 만인에 대한 투쟁 상태가 되므로, 각자의 안전과 평화를 위해서 강력한 공권력을 가진 국가가 있어야 한다.' 그리고 홉스는 그것이 사람들이 자연스럽게 바라는 바라고 주장했다. 이는 모든 사람이 따르는 어떤 권위가 존재해야 함을 의미한다. 권위는 이렇게 밑에서부터 발생한다.

가장 중심이 되는 것은 '법'의 권위이다. 법은 따르기 싫은 사람에게도 강제로 적용되고, 이를 위해 강력한 공권력이 동원된다. 법과 공권력은 어떤 이에게는 폭력으로 느껴질 수도 있지만, 사회의 안정을 위해 꼭 필요하다. 다만 일반적인 권위와 마찬가지로 국민들의 선택과 의견 조율을 통해 수정되어야 한다. 이러한 변경의 과정이 권위주의를 막는 길이다.

가짜뉴스와
댓글알바가 노리는 것

선동은 나쁜 것인가?

정치적 주장들과 학문적 이론들에는 알맹이와 껍데기가 있다. 껍데기는 사람들에게 흥미를 불러일으키고 더 잘 믿게 만드는 작용을 하고, 알맹이는 그 주장의 진실성과 그 주장을 선택하고 믿었을 때 실제로 생기는 효과이다(마치 약을 삼켰을 때 몸에서 일어나는 효과와 같다). 정치적 이익을 위해 선전, 홍보, 선동을 하는 일은 흔하다. 그런데 특히 진실을 추구하고, 알맹이를 굉장히 중시여기는 사람들은 그것을 좋지 않게 보는 경향이 있다.

일단, 선전과 선동은 거짓말과 같지 않다(함의하지 않는다). 거짓말이 생길 수도 있지만, 그것은 언어활동 중에 거짓말이 존재할 수 있는 것과 마찬가지다. 거짓말을 하기 싫다고 해서 말을 하지 않을 수는 없다.

인기요소는 사람들에게 알리는 등 '소통'의 역할을 한다. 알맹이가 그 역할을 할 수 있을까? 사실 알맹이는 소통의 역할을 할 수 없다. 그저 속에서 자신의 역할을 하면서 들어있을 뿐이다. 연구를 통해 무엇이든 간에 좋은 알맹이, 예를 들어 어떤 학술적 진실을 발견했다면, 그것을 소통을 통해 다른 사람들에게 알려야 한다. 그럴 때 인기요소가 필요하다. 사람들 간 전달 작용이 없으면 좋은 알맹이도 알려질 수 없다. 선전은 그 전달을 더 잘되도록 만든다. 그러므로 물론 선전을 나쁘게 볼 필요는 없다.

그런데 '선동'은 더욱 부정적인 인상이 있다. 포퓰리즘을 비판하는 사람들은 흔히 선동을 비판한다. 사전을 보면, '선동'은 '남을 부추겨 어떤 일이나 행동에 나서도록 함'이라고 쓰여 있다. 이것이 왜 나쁠까?

여기서 특히 '부추김'이 부정적인 인식을 낳는다고 볼 수 있는데, 이성적이고 논리적인 설득이 아닌 '감성적인' 부추김이 사용되기 때문일 것이다. 그런데, 감성은 선전과 홍보에서 흔히 사용되고, 거의 필수적으로 사용되는 요소다.

대중을 선동해도 되는 이유는 좋은 알맹이가 있을 때 이성적으로 판단하는데 한계가 있는 사람들에게 소개하고 선택하도록 만들기 위함이다. 뛰어난 전문가가 아닌 이상, 이성적으로 어떤 사안의 알맹이까지 판단하기는 어렵다.

아마도 감성적인 선동의 부작용이란 이성적인 판단까지 마비시키는 경우일 것이다. 종종 악의적인 선동은 그렇게 될 수도 있지만, 인간에게 이성적인 판단의 루트와 감성적인 선동의 루트는 별개이다. 그것은 병렬적으로 작동하고, 한 사람이 동시에 두 가지 루트를 가진다. 둘 중에 하나만 선택해야 하는 문제가 아니다. 종종 한 사람이 선택에 있어서 이성을 포기하고 감성적인 영역에 맡길 수도 있는데, 그러한 사람들을 끌어들일 필요가 있다. 좋은 알맹이를 가졌다고 자부한다면, 감성적인 선동을 이용할 필요가 있다. 그렇지 않으면 나쁜 알맹이를 가지고 선동을 잘 하는 측에게 패배할 것이다.

참고로 선동의 방식에는 영화, 노래, 방송, 공연 등 문화콘텐츠 이용하기, 일상생활처럼 피부에 와 닿는 이야기로 공감 일으키기, 지식인 등의 인기인을 영입하기 등이 있다.

프레임으로 싸워라

몇 년 전부터 정치권에서 '프레임'frame이란 말이 자주 쓰이고 있다. 프레임도 넓게 보면 선동 방식 중 하나로 볼 수 있다. 프레임은 무의식적이거나 감성적인 부분에서 작용해서 좋거나 나쁜 이미지를 씌우는 방식으로 주로 나타난다. 혹은 어떤 의제에 묶이게 만드는 작전도 프레임이라고 하는데, 대개 프레임은 특정 용어나 표현을 사용함으로써 그 용어의 범주에 묶이게 만든다.

미국의 조지 부시 정부 시절, 상속세를 '사망세$^{death\ tax}$'로 바꿔 불렀더니 상속세에 대한 반발이 커지고 상속세를 줄이기에 유리하게 되었다는 사례가 있다. 사람들은 죽을 때마저 돈을 내야한다는 생각이 들면서 반발심이 생겨나게 되었다.

프레임의 대표적인 방식은 이렇게 어떤 용어와 약간의 관련성만 있더라도 그 용어로 부름으로써 그 용어에 담긴 여타의 의미까지 씌워지고 이미지가 바뀌게 만든다. 예를 들어 어떤 인물 A와 '악마'간에 일부분의 공통점이 있어서 "A는 악마다"라고 말하게 되면, '악마는 철저하게 타도해야할 대상'이라는 의미까지 씌워질 수 있다.

어떤 행위가 결과적으로 잘못되었더라도 종종 '선한 의도였다'라는 말을 하기도 하는데, '선한 의도'도 흔히 쓰이는 프레임이다. 선한 의도를 어떻게 알 수 있을까? 선한 사람, 선한 행위는 겉으로 드러나므로 객관적 판단이 가능하다. 하지만 마음 속 '의도'는 다른 사람이 알 수 없고 검증이 불가능하다. 사실은 그의 의도가 나쁜지도 모른다. 그러나 '의도가 선하다'라고 말하면 사람들은 자기 마음속에서 어떤 선한 것, 선한 의도의 사례들을 떠올리면서 근거 없이 믿게 되는 경우가 있다.

또 다른 사례로 '천재' 프레임이 있다. 어떤 아이가 천재라고 사회적으로 알려지면, 그 아이가 어떤 부분에서 뛰어난지, 어떤 일을 할 수 있을지는 잘 따져보지 않고, 불가능을 가능하게 만들법한 엄청난 능력이 있을 거라는 인식이 생긴다. 그렇게 우리가 꿈꾸는 '천재'에 대한 막연한 인식을 그 아이에게 결부시키고 부풀려진 기대와 환상을 갖게 된다.

프레임은 혼동을 일으키고 비이성적 선택을 유발시키므로 나쁘다고 보아야 하는가? 하지만 선동과 마찬가지로, 자신의 알맹이를 더 많은 사람들이 선택하도록 유도하는 홍보 장치로 볼 수 있다. 천재 프레임의 경우에도 만약 그 아이가 정말로 특별히 보호될 필요가 있다면 프레임이 필요할 수 있다. 프레임은 '은유'를 사용하므로, 거짓말에서 약간 비켜나 있다. 프레임 이론을 창시한 언어학자 조지 레이코프George Lakoff는 정치적 이익을 위해 프레임을 얼마든지 사용할 수 있다고 보고, 자신의 지지하는 정치세력(진보좌파)에서 더 분발해서 사용해야 한다고 주장했다.

여론조작은 비난받아야 한다

다만 선전선동과 '여론조작'은 전혀 다르다. 선전선동은 여론을 끌리게 만드는 역할을 하지만, 여론조작은 사람들의 끌림의 결과를 왜곡하고 조작한다. 예를 들어 댓글 조작, 통계 조작, 왜곡된 여론 조사는 마치 부정선거처럼 여론을 왜곡시킨다. 나는 선전선동은 괜찮다고 보지만 이러한 여론조작은 매우 부도덕하다고 보며, 철저하게 감시하고 강하게 처벌해야 한다. 왜냐하면 선전선동과 달리 여론조작은 거짓을 함의하기 때문이다.

다만 여론조작의 범위는 선전선동과의 경계에서 애매한 부분도 있다. 매크로 프로그램이나 '댓글알바'를 고용해서 댓글을 다는 일은 물론 처벌해야겠지만, 본인의 의지로 많은 양의 댓글을 다는 자발적 댓글부대는 보기에는 좋지 않을지라도 불법이 아니라면 용서가 된다. 소위 말하는 '가짜뉴스'는 나쁘지만, 가짜뉴스의 개념, 가짜와 그렇지 않은 것의 경계는 애매할 수 있고, 완벽한 판단이 어려운 경우가 많다.

확실한 조작이 아니라면 민주사회에서 표현의 자유를 너무 제한해서는 안 된다. 문제는, 댓글이 사실 여론의 정확한 표현이 아니지만, 사람들은 흔히 댓글란의 상태를 여론의 통계처럼 생각하는 경향이 있다. 이를 방지하기 위해서 여러 가지 기술적 장치를 넣거나, 여론의 통계가 아니라는 점을 환기시킬 필요가 있다. 그리고 가짜뉴스처럼 보이는 것도 악의적인 거짓말은 처벌해야겠지만, 의견 표명에 가까운 경우에는 처벌해서는 안 된다. 그보다 사람들이 뉴스를 의심하고 다양한 관점에서 바라보는 인식을 키울 필요가 있다. 본인의 의견을 표현하는 댓글이나 뉴스는 여론조작이 아닌 선전선동에 가깝다.

여론조작에 대한 감시와 검증이 활발히 이루어져야 하고, 엄하게 처벌해야 한다. 과거 전체주의 국가들은 단지 선전선동만 한 것이 아니라 미디어를 통제하고 조작을 했다. 선전선동이 문제라기보다는 여론조작이 사회적 비극을 낳는 심각한 문제이다.

대중적 인기는
'오염되었다'는 편견

'순수' 학문이라는 말이 주는 뉘앙스

만약 당신이 신도를 충분히 모을 자신이 있다면 당신은 종교 지도자가 되는 것을 넘어 새로운 종교를 창시할 수도 있다. 한 종교의 창시자는 더 많은 사람이 신도가 되기를 바랄 것이다. 이는 일종의 인기를 바라는 것으로 볼 수 있다.

현재 영향력 있는 주요 종교들은 '인기 있는' 종교들이다. 자발적으로 믿고 따르는 사람들이 많기 때문이다. '인기 종교'라는 말에 거부감을 느끼는 사람이 있을지 모른다. '어떻게 성스러운 믿음에 인기라는 천박하고 저급한 개념을 사용할 수 있는가' 하는 반발이다. 하지만 인기는 꼭 저급함을 함의하지 않는다.

종교만큼이나 '인기'를 거부하려는 분야가 있다. 학문이다. 학자들은 연구를 통해서 이론을 세우거나 진실을 발견한다. 그리고 그들은 궁극적으로 자신의 결과물, 즉 이론이나 학설 또는 논문이 널리 알려지길 바란다. 다른 사람의 책과 논문에 많이 인용되기를 원하고, 뉴스 등 매스컴에도 나오기를 고대한다. 많은 사람이 인정하고 믿어주어서 커다란 영향력을 가지기를 소망한다. 이것은 결국 인기를 바라는 것이다. 학설 중에는 '인기 있는' 학설이 있고 '인기 없는' 학설이 있다. 인기 있는 학설은 많은 사람이 믿고 찾고 인용한다.

과학철학자인 토마스 쿤^{Thomas Kuhn}은 자신의 저서 《과학혁명의 구조 The Structure of Scientific Revolutions》에서 '패러다임^{paradigm}'이라는 용어를 처음 사용했는데, 이 용어는 이제는 과학을 넘어 경제, 사회, 문화 등의 다양한 분야에서 인식이나 유행 등을 가리킬 때 사용되고 있다. 이는 패러다임이라는 개념의 인기로 볼 수 있다(참고로 이 책의 세부적 내용에 모두 동의하지는 않는다).

과학의 패러다임이론은 포스트모더니즘이라는 비판을 받지만, 결국 과학도 사람들이 얼마나 믿고 지지하느냐가 중요하므로 현대 대중사회에서 과학도 인기에서 벗어날 수는 없다. 그런데, 인기인 것이 뭐가 문제일까? 인기는 껍데기만이 아니라 알맹이에서도 나온다. 그리고 앞에서 본 것처럼, 전문가의 권위도 인기와 관련이 있다(심지어 껍데기). 학자들, 지식인들이 인기에 대해 가지고 있는 편견에 대해 알아보자.

소크라테스는 인기를 나쁘게 보았을까?

학문적 전통은 대체로 인기에 부정적 입장을 가지고 있다. 인기는 진리탐구와 전혀 다른 방향이며 오히려 진리와 진실을 가리는 역할을 한다고 보기 때문이다.

그 전통이 어디에서부터 비롯되었는지, 소크라테스가 살았던 고대 아테네로 거슬러 올라가보자. 소크라테스는 플라톤의 스승이다. 소크라테스는 아무런 책도 남기지 않았고, 플라톤이 소크라테스의 일화를 많은 책으로 남겼다. 소크라테스의 실화로 보이는 것도 있고, 플라톤의 생각을 소크라테스의 입을 빌려서 하는 경우도 많이 있는데(주로 플라톤 중·후기의 책들), 소피스트들과 대립했고 결국 사형 당했다는 일화는 사실로 보인다. 당시 주류 학자들이었던 소피스트들은 우리가 생각하는 '학자'라기보다는 논쟁에서 이기는 법을 가르치던 수사학 능력자나 변호사 같은 사람들이었다.

소크라테스의 사형판결이 501명 배심원들의 투표로 결정된 것처럼 당시 아테네는 민주주의로 중요한 승패를 결정했고, 소피스트들은 더 많은 사람들의 지지를 얻기 위해 레토릭 등 온갖 수단을 동원했다. 소크라테스는 '진리는 없다'고 주장하는 소피스트들과 논쟁을 벌이면서 논리적으로 그들의 주장을 반박하고 진리를 찾아 나아가야 한다고 주장했다. 학계에서 인기와 진리간의 반목은 여기서부터 시작되었다. 소크라테스 이후 '이성'을 중시하는 학문의 주류 전통이 생겨났는데, 그 주류란 소크라테스의 일화처럼 인기와 인기요소를 좋지 않게 보면서, 혹은 무관심하면서 이성을 통해 숨겨진 진리를 찾는 태도다. 그 후로 학문과 인기는 분열되었고, 단절되었다.

그런데 과연 소크라테스는 인기를 나쁘게만 보았을까? 소크라테스는 신(그리스 신화의 신)을 믿지 않고 청년들을 타락시킨다는 죄로 결국 사형판결을 받게 되었는데, 사실 소크라테스는 신을 믿었고, 타락시키지도 않았다. 그것은 누명이었다. 그는 재판정에서 자신을 변론할 때는 배심원들을 향해 강력하게 무죄를 주장했지만, 판결 이후에는 태도가 완전히 바뀐다. 그는 억울한 재판 결과에 불복하고 탈출할 수 있었지만 그러지 않았다. 제자들이 그에게 찾아와 탈출을 돕겠다고 했지만 그는 거절했고, 순순히 사약을 받았다. 그는 왜 그랬을까?

소크라테스가 탈출하지 않은 이유는 흔히 '국가의 법에 따르려는 의지 때문'으로 해석된다. 즉 '악법도 법이다'라는 유명한 말을 소크라테스가 했거나 그러한 신념을 가졌다는 것이다. 하지만, 그가 그런 의미의 말을 했다는 기록은 없다. 여러 학자들이 이를 지적하고 있다(검색만 해봐도 알 수 있다). 오히려 기록에 따르면 소크라테스는 앞으로 이전과 같은 행위를 하지 않는 조건으로 석방한다고 해도 자신의 뜻을 굽히지 않고 계속 하겠다고 법정에서 말했다. 법의 명령보다 자신의 신념이 우선한다는 것이다.

게다가 당시 아테네는 법치국가라기보다는 포퓰리즘에 가까운 민주정이었고, 그의 사형판결은 단지 501명의 투표에 의해 (억울하게) 결정된 것이었다. 만약 소크라테스가 포퓰리즘과 민주주의를 경멸하고 진실을 우위에 뒀다면 불복하고 탈출하는 게 자연스럽다.

그의 태도는 준법정신이나 진리탐구정신 때문이 아니라, 민주주의와 인기로 인한 결정도 나쁘게 보지 않았다고 해석할 수 있다. 그는 대중을 설득하는데 있어서 나쁜 소피스트와의 인기경쟁에서 졌고, 그 결과를 수용했다. 그런데 그가 인기에 반대한 대표적 인물이라고 오해받고 있다. 아마도 플라톤의 영향 때문일 것이다.

소통이 부족한 학계

플라톤은 《국가》에서 소크라테스의 입을 빌려서 민주정을 비판하고, 뛰어난 자, 전문가, 철학자가 나라를 다스려야 한다고 주장했다. 즉 엘리트주의를 주장했다. 인기에 따라 정치인이 결정되는 것이 아니라, 진리를 아는 사람이 정치인이 되고, 국민들은 그를 따라야 한다고 주장했다.

플라톤이 경멸했던 아테네의 민주정은 오래가지 못했고, 정말로 능력이 있는지는 확실치 않지만 엘리트와 권위가 국가를 지배하는 체제가 그 후로 오랫동안 세계에서 공통적으로 지속되었다. '대중적 인기'는 금기시되었다. 민주주의가 사라지고 권위주의의 시대가 되었다. 플라톤 때문이라기보다는 주로 지배계층의 권력욕 때문이었겠지만, 오랫동안 인기라는 개념은 사라지고 계급, 가문, 종교 등의 권위가 사회를 지배했다.

그리고 학문은 플라톤이 주장한 숨겨진 진리, 즉 이데아를 찾는 것이 목표가 되었다. 특히 순수학문이 그랬는데, 철학, 과학 같은 순수학문은 플라톤의 이데아론처럼 '그것이 선이고 옳은 것이기 때문에', 혹은 '호기심으로 인하여' 반드시 숨겨진 진리와 진실을 찾아야한다고 생각했다. 인기는 물론이고 실용성도 부차적이었다. 공학, 경제학, 경영학, 커뮤니케이션학 등 응용학문에서 실용성을 다루기는 하지만, 인기와는 다르며, 모든 학문은 알맹이, 즉 진·선·미의 절대적 증가를 위한다는 중심적 과제를 가지고 있었다. 학문의 권위는 중요하게 여기지만 그 밖의 인기나 인기요소는 나쁘게 보거나 아예 관심을 두지 않으면서 그것이 마치 '소크라테스의 정신인 양' 생각했다.

이 태도는 많은 부작용을 낳는다. 일단, 대중의 의견을 무시하고 선민의식을 낳는다. 대중은 무지하다는 생각을 선입견과 고정관념처럼 갖게 되고, 권위주의를 가질 가능성이 크다. 원래 학문의 정신은 종교나 인습 등 기존의 권위를 의심하고 비판하는 것이었다. 그런데 대중과 학계가 분열되면서 학문도 하나의 권위가 되었고, 대중의 입장에서는 학계가 주장하는 권위도 권위주의가 된다. 그런데 학계는 자신들이 만든 학문의 권위는 권위주의가 아니라고 주장한다. 권위주의가 아니려면 대중과 소통을 해야 한다. 그런데 대중의 인기에 관심이 없고 '인기요소'를 좋아하지 않는 학계에서는 소통을 잘 안한다. 다시 말해, 대중적 인기를 높이기 위한 노력을 잘 안한다. 그러면서 무조건 옳다고 주장하는 건 권위주의 또는 좋게 봐야 엘리트주의일 뿐이다. 학계가 스스로 그럴 의도가 없다고 해도, 인기를 터부시하게 되면 그렇게 된다.

물론 학문은 어렵기 때문에 대중과의 소통이 쉽지 않다. 문제는 많은 학자들이 소통을 무가치한 것으로 여긴다는 점이다. 지금은 과거처럼 폐쇄된 학계 내에서만 잘한다고 해서 통하는 시대가 아니다. 생명 창조론이 진화론을 이기기 전에 대중을 설득해야 한다.

무엇이 학문 본연의 모습인가

대중과 소통을 해야 한다고 하면 특히 '순수학문'을 하는 학자들이 반발하는 경향이 있다. 한 강연에서 나는 한 철학교수가 '어떤 공무원이 나에게 철학을 쉽고 대중적으로 풀어서 책으로 내보라고 권유하는 말을 들었는데 황당하고 기분이 나빴다'고 말하는 것을 들었다. 이해를 전혀 못할 말은 아니다. 그는 전형적으로 순수학문에 매진하는 학자였고, 아마 연구만 하기 에도 시간이 모자랄 것이다. 나는 모든 학자들이 대중과의 소통을 위해 노력해야 한다고 주장하지는 않는다. 그 학자가 자원의 효율적 배분, 시간 부족과 같은 문제로 그 제안이 기분이 나빴다면 납득이 되지만, 나는 완전히 그렇게만 들리지는 않았다. '순수학문과 그 연구자는 대중과 가까워지면 안된다'라는 인상을 받았다.

　종종 순수학문의 '순수함'에 대해 어떤 잘못된 선입견을 가지고 있는 경우가 있다. 순수학문뿐 아니라 대부분의 학문은 인기나 껍데기가 아니라 진리탐구라는 알맹이에 집중하므로 학문에 대한 순수한 열정을 좋은 가치로 생각한다. 물론 연구와 연습에 매진하고 열심히 하는 자세는 아름답고 칭찬할 만하다. 그런데 연구와 실력 향상에 노력하는 것과 '순수함'은 구분해야 한다. 문제가 되는 순수함은 배타적인 것을 뜻한다. 알맹이 이외에 껍데기는 나쁘다고 생각하고 배척하는 것을 뜻한다.

　아마도 순수함을 추구하는 학자들은 '그것이 학문 본연의 모습이라서'라고 변명할 것이다. 과연 학문 본연의 모습, 올바르게 학문을 하는 태도란 무엇인가? 진리 탐구를 하는 목적은 크게 두 가지가 있다. 하나는 인간을 더 잘 살게 하기 위해서, 즉 실용적 목적 때문이고, 다른 하나는 '그저 순수한 호기심 때문'이다. 문제는 주로 이 두 번째 목적에 있다. 순수학문을 하는 사람들은 특히 이 목적에 경외심을 가지고 있다. 사실 '단지 호기심'은 학문의 탄생에서부터 발전에 중요하게 작용했다. 그래서 학계는 전통적으로 이 태도를 좋게 본다.

　순수한 호기심의 목적은 단지 진리를 '아는 것'이다. 실용성을 배제하게 되면, 자기만족적인 앎 또는 깨달음에서 멈춘다. 그것이 학문 본연의 태도나 목적일까? 앎이 학문의 목적이라는 태도는 사실, 현대철학에서 많이 비판되어졌다. 실용주의 철학(프래그머티즘), 현상학, 실존주의, 현대 언어철학 등 거의 모든 현대 철학이 앎이 목표라는 태도를 비판한다. 왜냐하면 지식이나 앎 자체가 모호하기 때문이다.

심지어 과학계도 마찬가지다. 현대물리학의 가장 큰 성과인 양자역학은 실용적으로 유용하게 쓰인다. 하지만 우리는 양자역학에 대해 자세히 알 수 없다. 양자역학에 따르면 우리가 절대 알 수 없는 원리적 한계가 있는데, 몰라도 실용적으로 쓰기만 하면 된다. 과학적으로 앎의 한계가 증명되었다. 단지 앎을 목표로 하면 오히려 잘못된 형이상학으로 흔히 빠진다. 궁극적 앎의 추구는 인간의 '오만'일 수 있다.

그런데 아직도 순수한 호기심에 대한 경외심이 남아있어서 진리탐구에 '순수성'을 중시한다. 학문과 지식을 응용하고, 대중과 소통하고, 실용성을 높이는 일은 '부차적'이거나 '순수하지 못한 일'이라 생각한다. '순수학문'은 그런 일을 하지 않는 학문이라는 잘못된 인식이 남아있다.

물론 순수한 호기심, 앎에 대한 욕망이 모두 나쁘지는 않다. 어린이들의 탐구와 학습 의욕을 높이고, 실제로 고대와 근대에 학문을 발전시키는 역할을 했다. 하지만 그것은 학문 발전 초·중기의 이야기이다. 학문의 '목표'라 함은 거기에 있는 게 아니라 말기에 있다. 말기에는 실용성과 대중성이 목적이 되어야 한다. 일명 '순수학문'도 예외가 아니다.